당신의 삶도
이미 베스트셀러이다

당신의 삶도 이미
베스트셀러이다

김선옥 지음

한국경제신문*i*

책 쓰기가 왜
가슴 뛰게 하는지 나는 아네

33년 된 현직교사가 왜 책 쓰기를 시작했을까! 정년퇴직을 앞두고, 퇴직 이후의 삶을 상상해보니, 주인공이 아닌 주변 인물로 살아가고 있었다. 정신이 번쩍 들어 '인생 제 2막을 위한 준비를 해야겠다'고 생각했다. 간절히 원하면 꿈은 이루어진다고, 꿈속에서나 만날 수 있는 가슴 뛰는 일을 만났다. 바로 책 쓰기이다. 책 쓰기를 발견하고 며칠 동안 잠 못 이루었다. 그리고 책 쓰기를 시작하면서 가슴 뛰는 삶이 시작됐다.

학생들에게 '진로를 정할 때 가슴 뛰는 일을 찾으라'고 지도해왔다. 그래야 자신의 인생이 즐겁고 행복하다고. 책을 써보니, 정말로 가슴이 뛰는 것을 느꼈다. 왜 가슴이 뛸까? 책 쓰기는 출간에서 그치지 않기 때문이다. 강연가, 칼럼 기고, 책 쓰기 코칭 등으로 이어질 수 있기 때문이다. 그리고 책 쓰기는 자기 계발로 퍼스널 브랜딩이 되며, 최고의 유산을 남기는 일이기 때문이다.

책을 쓰면서 인생을 돌아보았다. 출생과 성장, 학창 시절 가난과의 싸움, 중등 국어 교사로서 교직 생활에 대한 회상과 보람, 동시인 등단, 여러 시련을 겪으면서 고통은 있어도 절망은 없다는 깨달음, 인생은 퍼즐과도 같으며 하나님의 계획 안에 있다는 깨달음, 산다는 것은 그 자체가 축복이며 훌륭한 인생 교과서를 만들어가는 과정임을 책 속에 담았다. 그리고 그동안 몰랐던 책 쓰기의 8가지 유익한 점을 통해, 인생을 바꾸고 싶다면 자신의 책을 쓸 것을 이야기했다. 아울러 한 번뿐인 인생에서 책 쓰기는 선택이 아니라 필수임을 강조하고, 책 쓰기 절차를 담았으며, 마지막은 작가의 꿈을 꾸는 이들에게 보내는 편지로 마무리했다.

책을 써보니, 삶의 모든 순간과 모든 경험이 이미 베스트셀러의 글감들이었다. 지식, 경험, 깨달음, 삶의 노하우, 신앙생활, 삶의 철학 등 누구나 베스트셀러의 삶을 살고 있다. 사람마다 각양각색의 스토리가 있기 때문이다. 한 권의 독서로 인생을 바꾸기도 하지만, 한 권의 책을 쓰고 인생을 바꾸기도 한다. 이 중, 인생을 바꾸는 데는 책 쓰기만큼 빠르고 놀라운 것이 없다. 책 쓰기는 그만큼 위력을 가지고 있기 때문이다.

메신저 산업의 세계에 초대받아 나는 작가가 되었다. 이제 당신을 이 메신저 산업의 세계에 초대하려고 한다. 책 쓰기가 당신을 가슴 뛰는 삶으로 안내할 것이다. 그리고 당신을 변신시킬 것이다. 책 쓰기는 최고의 자기 도전이며, 자기 혁명이다. 이 책을 읽고 책 쓰기를 시작한다면, 저자로서 더할 나위 없이 기쁘고, 가슴 벅차게 행복해질 것이다.

끝으로 책 쓰기를 할 수 있도록 도움을 주신 '한국책쓰기 1인창업협회' 김도사 대표님과 스태프들, '한국석세스라이프스쿨' 권동희 대표님께 깊이 감사드린다. 또한 책 표지 사진을 찍어주신 '삼육스튜디오' 사장님께 진심으로 감사드린다. 그리고 사랑하는 어머니와 아버지를 비롯한 가족들에게 이 지면을 빌려 감사하고 사랑한다는 말을 꼭 전하고 싶다.

2020년 11월
김선옥

차례

프롤로그 … 4

1장. 고통은 있어도 절망은 없다

01 ㅣ 내 인생을 바꿔준 가슴 뛰는 말 한마디 … 13
02 ㅣ 고통으로 시작된 내 인생 … 19
03 ㅣ 엄마의 아픔은 곧 나의 아픔 … 24
04 ㅣ 내 인생도 8할이 바람이다 … 30
05 ㅣ 고통은 있어도 절망은 없다 … 37
06 ㅣ 성격이 인생을 만든다 … 43
07 ㅣ 힘들 때마다 이렇게 극복했다 … 49

2장. 산다는 것은 훌륭한 인생교과서를 만드는 것

01 ㅣ 영혼은 사랑으로 성장한다 … 59
02 ㅣ 난 엄마처럼 살지 않겠다 … 65
03 ㅣ 시련이 나를 '시인'으로 만들다 … 70
04 ㅣ 최고의 인생은 격한 시련으로 탄생한다 … 76
05 ㅣ 비바람이 거셀수록 꽃은 향기롭다 … 83
06 ㅣ 머뭇거리기에는 인생이 너무 짧다 … 90
07 ㅣ 꿈을 놓지 않는 한 인생은 아름답다 … 96
08 ㅣ 성공한 인생은 시련도 아름답다 … 103

3장. 삶이 가져다주는 축복들

01 ㅣ 나를 도전하게 만들다 … 113
02 ㅣ 삶은 아픈 만큼 성숙한다 … 119
03 ㅣ 간절하면 꿈은 이루어진다 … 125
04 ㅣ 나도 '동시인'으로 등단하다 … 131

05 I 내가 누군가에게 희망이고 꽃이다 … 139
06 I 하나님이 계획한 타이밍을 깨닫다 … 148
07 I 시련은 변형된 축복으로 나타난다 … 154
08 I 은퇴를 앞두고 두 번째 성공을 꿈꾸는 이유 … 161

4장. 그동안 몰랐던 책 쓰기의 8가지 유익

01 I 매일 독서하는 삶으로 이끌다 … 171
02 I 저서는 최고의 유산이다 … 177
03 I 책 쓰기는 최고의 자기계발이다 … 184
04 I 최고의 퍼스널 브랜딩 도구이다 … 191
05 I 책 쓰기로 당당해진 나를 발견하다 … 197
06 I 책 쓰기로 당당하게 사는 법을 배우다 … 203
07 I 책 쓰기로 인생이 무엇인지 알게 되다 … 209
08 I 나를 성장시키는 책 쓰기의 힘 … 215

5장. 인생을 바꾸고 싶다면 당신의 책을 써라

01 I 책 쓰기로 가슴 뛰는 삶을 시작하다 … 225
02 I 프로스트의 〈가지 않은 길〉을 가다 … 230
03 I 책을 써야 인생이 완성된다 … 236
04 I 당신의 삶도 이미 베스트셀러이다 … 243
05 I 인생을 바꾸고 싶다면 당신의 책을 써라 … 249
06 I 묘비에 이름을 새기지 말고 책에 새겨라 … 255
07 I 작가의 꿈을 꾸는 이들에게 보내는 편지 … 261

내 인생을 바꿔준
가슴 뛰는 말 한마디

*

마지막 순간에 간절히 원하게 될 것,
그것을 지금 하라.

- 퀴블러 로스 -

*

밥하거나 집 안 청소를 할 때, 육체적 노동만 하면 시간이 아깝다. 그래서 올해 2020년부터 유튜브를 통해 '설교'를 듣거나 '책 소개'를 들었다. 어느 날, 유튜브를 통해 흘러나오는 말에 귀가 솔깃했다.

"성공하고 싶으세요?"

"네!"

나도 모르게 소리 내어 크게 대답했다. '그런데, 현재 교사인 난 무엇을 해야 성공하지? 많은 제자를 배출했으니, 이미 성공하지 않았나? 또 다른 성공을 하고 싶다면?' 이런 생각을 하고 있을 때, 그

유튜버가 말했다.

"성공하고 싶으면 우선 책을 읽으세요."

평소에 흔하게 듣던 말이다. 내가 학생들에게도 여러 번 강조했던 말이다. 그런데 이날은 내 귀에 쏙 들어와 박혔다. 그리고 명언처럼 내 가슴을 울렸다. 내 마음속 깊은 곳에 있는 성공에 대한 갈망을 증명이라도 하듯 가슴이 뛰었다. 난 망설임 없이 책장으로 달려가 6년 전에 읽었던 하우석씨가 지은 《내 인생 5년 후》를 꺼내 들었다.

6년 전에 '학부모 독서아카데미'를 운영한 적이 있다. 교직 생활에 늘 바쁘다 보니, 책 읽을 시간이 전혀 나지 않았다. 그래서 새해가 시작되어 책 읽는 특별한 한 해를 보내겠다고 다짐했다. 그리고 책을 읽을 수밖에 없는 조치가 무엇이 있는지 생각했다. '동생과 같이 책을 읽으며 독서 토론을 해볼까?', '선생님들과 독서 모임을 해볼까?' 이런저런 생각을 하다가 학부모 독서 모임을 만들면 좋겠다는 생각에 이르렀다. 자녀들에 대해 상담도 할 겸, 독서 토론을 하면 일거양득의 보람 있는 시간이 될 것 같았다. 곧장 교장 선생님을 찾아뵙고 독서 모임 계획을 말씀드렸다. 교장 선생님은 매우 좋은 생각이라고 칭찬해주시며, 기안을 올리라고 하셨다. 먼저 전교생 학부모님들께 단체 문자를 보냈다.

"올해 〈학부모 독서아카데미〉를 계획하고 있습니다. 한 달에 한 권씩 책을 읽고, 학교에 모여 느낀 점, 깨달은 점, 그리고 실행에 옮기고 싶은 내용에 대해 편안하게 이야기를 주고받는 독서 모임입니다. 학생 상담을 하셔도 좋으니, 참석하실 수 있는 분은 문자로 답해주시기 바랍니다."

내가 재직 중인 학교는 중·고등학교 통합학교로, 중학교 학부모님께만 문자를 드렸다. 전교생 100명 남짓한 규모가 작은 학교이다. 열다섯 분 정도 신청해주셨다. 어떤 분은 농사로 바빠서 참석하지 못하겠다고 하셨고, 어떤 분은 어린아이가 있어서 불가능하다고 아쉬움을 표현해주셨다. 또 어떤 분은 직장생활로 참석할 수는 없으나, 개인적으로 책을 읽어보겠다고 도서 목록만 보내달라는 문자를 남겼다. 이렇게 추진하기 시작해, 학부모님들로부터 읽고 싶은 책을 추천받고, 교장 선생님께도 추천을 받았으며, 나머지는 인터넷을 통해 베스트셀러 목록을 보고 정했다. 그리고 모임 때마다 좋은 시 한 편씩을 암송하기로 했다.

이 프로그램을 진행하면서, 학교 업무에 시달렸던 머리를 독서를 통해 식힐 수 있었다. 또한 책 읽는 즐거움과 행복을 다시 맛보았다. 그리고 학부모님들을 만나 독서 토론은 물론 인생에 관한 이야기, 자녀 교육에 관한 이야기 등 많은 대화를 나눴다. 학부모님들은 독서도 좋지만, 시 암송을 위해 설거지하면서도, 출근길에도, 근무하면서도 시를 외우니 감성이 풍부해지고 마음이 편안해져서 좋다고 했다. 그뿐만 아니라 독서 토론 모임에 자녀 상담까지 하게 되어 일거양득이라며 매우 긍정적인 반응이었다.

이렇게 '학부모 독서아카데미'에서 읽었던 책 제목이 불현듯 생각나 책장으로 달려갔던 것이다. 《내 인생 5년 후》를 다시 읽으면서 6년 전에 밀물처럼 밀려왔던 감동의 물결을 다시 맛보았다. 책 서문에는 탈무드 격언이 있다.

"이 세상에는 너무 지나치면 안 되는 세 가지가 있는데, 빵에 넣는 이스트와 소금과 망설임이다."

그렇다. 내 인생을 살아가는 데, 난 너무나 오래 망설였다. 이대로, 이렇게 살 수는 없다고 생각하며 거실을 왔다갔다 몇 번이나 했다. 서너 장을 넘기니, 이 책을 읽는 당신은 다음의 질문을 가슴에 간직하고 읽어나가라고 했다.

"5년 후 오늘, 당신은 어디에 있을 것인가?"
"5년 후 오늘, 당신은 어떤 사람들과 함께 있을 것인가?"
"5년 후 오늘, 당신은 무엇을 하고 있을 것인가?"

마음이 급해졌다. 이제는 미루지 말고, 책을 쓰리라 결심했다. 그동안 내가 찾아 헤매던 것이 바로 책 쓰기라는 것을 확신했다. 책을 쓰기로 결정하고 나니, 천군만마를 얻은 듯 마음이 든든해졌다.

또 다른 책 두세 권을 읽으면서 내 인생을 바꾸는 작업이 시작됐고, 책 쓰기 세계로 입문했다. 마태복음 7장 7~8절에 이런 성경 말씀이 있다.

"구하라! 그러면 너희에게 주실 것이요 찾으라 그러면 찾아낼 것이요 문을 두드리면 너희에게 열릴 것이니, 구하는 이마다 얻을 것이요 찾는 이가 찾을 것이요 두드리는 이에게 열릴 것이니라."

두 달 전에 난 간절히 기도한 적이 있다. "하나님! 제가 곧 퇴직하려고 합니다. 퇴직 후에 제가 어떻게 살아야 할까요? 저의 앞날을 인도해주세요." 그렇게 간절히 찾고 찾던 것이 '책 쓰기'라는 것을 육감으로 알게 되었다. 정말로 놀라웠다. 얼마나 기쁘던지 하늘을 날 것만 같았다.

나폴레온 힐은 소망하는 것을 이루기 위해서는 확고한 계획을 세우는 일도 중요하지만, 더욱 중요한 일은 그 소망을 위한 '행동을 일으키는 일'이라고 했다. 그리고 '마음속에 성취했을 때의 자신의 모습을 그리면 잠재의식이 작용해 무엇인가 해야 할 일을 가르쳐준다는 것이다. 무엇을 해야 할 것인가 하는 것은 영감이라는 육감의 번쩍임을 통해 알 수 있으며, 영감이 떠오르면 진술하게 있는 그대로를 받아들여 그것을 충실히 실행하면 된다고 한다. 목표 실현을 위한 철저한 계획을 세워 아직 준비되어 있지 않아도 상관하지 말고 당장 행동에 옮기라고 했다.

　"성공하고 싶으면 우선 책을 읽으세요." 내 인생을 바꿔준 이 가슴 뛰는 말 한마디가 책 쓰는 길로 안내했다. 그리고 나를 작가로 만들어주었다. 이제 작가로서 나의 꿈을 이룬 모습을 상상하고 있다.

고통으로 시작된
내 인생

고통을 겪어야 강하게 된다는 사실이
얼마나 숭고한 일인가를 알라.

- 데카르트 -

　많은 사람이 여행을 좋아한다. 어떤 사람은 1년 동안 모은 돈으로 해외여행을 다녀온다. 그다음 해, 또 1년 모아 다른 나라로 다녀온다. 이렇게 몇 년 하다보면, 세계 일주를 하게 된다. 이런 사람들은 왜 여행하면서 살아갈까? 왜 여행이 삶의 목적인 것처럼 살아갈까? 여행을 통해 자신을 발견하기 때문이다. 세상과 마주보는 법을 배우기 때문이다. 세상 풍경을 가슴에 담으면 자신의 내면에 있는 삶의 찌꺼기들이 쏟아져 나오기 때문이다. 그리고 자신과 깊이 있는 대화를 나누게 되기 때문이다.

　난 해외여행이 아닌 나의 과거여행을 하고자 한다. 내 인생의 출발점으로 돌아가 나를 다시 발견하고 싶다. 귀한 생명이 어떻게 태어났는지, 어떤 환경에서 자라났는지 마음속 깊이 새기며, 내가 나에게 뜨거운 사랑을 전한다.

고(故)박정희 대통령이 집권하던 1961년, 서울 서대문구 은평동 (현재 은평구) 가장 꼭대기 집에서 출산이 시작되었다. 어두컴컴한 방에서 병원에 가야 한다는 생각도 잊은 채, 산모는 진통을 겪고 있었다. 아기가 오른팔을 번쩍 들고 세상으로 나오는 중이었다. 편안한 엄마 뱃속에서 기지개를 켜고 있을 때, "바로 지금, 세상으로 출발!"

난 미처 오른팔을 내리지 못하고 세상으로 출발했다. 엄마의 진통은 점점 더 강해진다. 나를 낳기 위해 이제 엄마는 목숨까지 걸었다. 나 또한 목숨 걸고 세상으로 출발했다. 드디어 내가 이 땅에 태어났다. 둘째 딸, 음력 5월 5일, 단오.

고집이 세어 한쪽 팔 드는 것을 끝까지 포기하지 않았다고 한다. 그러기에 엄마는 더욱 목숨을 걸 수밖에 없었다고. 아기가 세상에 나오려는 고통이 출산 고통의 10배라는 말이 있다. 산모만 고통이 있는 것이 아니다. 얼마나 힘들면 ET를 닮은 신생아들이 많을까! 이렇게 아기도 산모도 모두 목숨을 걸어야 새 생명이 탄생한다.

가끔 출산 후 신생아 또는 산모 사망에 관한 뉴스를 듣게 된다. 갑자기 양수가 터져 제왕절개로 출산은 했으나, 태아는 사망이라고 한다. 이런 경우는 양수가 터지면서 아기에게 산소공급이 제대로 되지 못해 의식을 잃게 되어서다. 그리고 산모가 사망하는 경우는 출산으로 인한 과다출혈 등 여러 가지 원인이 있다고 한다. 산모가 출산하다가 의식을 잃을 수도 있는데, 위독하니까 큰 병원으로 이송한다. 그런데 안타깝게도 가는 도중 사망하는 경우도 있다고 한다. 이렇게 출산은 산모나 아기 모두 목숨을 걸어야 하는 일이다.

인터넷 카페인 '가디언 손해사정파트너스'에서는 산부인과 의료사고에 있어 가장 큰 부분을 차지하는 것이 분만 사고라고 한다. 분만하는 과정에서 심근 겸자를 사용할 경우, 과도한 힘을 주면 태아가 두부 손상을 입을 수 있고, 두부 손상 또는 두개강 내 출혈의 경우, 심할 때는 뇌성마비가 온다고 한다. 무리한 질식분만의 경우 여러 가지 원인으로 아기에게 저산소 혈증이 일어나 태아가사가 되고, 이것이 분만 후에도 계속되어 신생아가사로 이어질 수 있다는 것이다. 이들에 대해는 산소흡입(모체 또는 아기), 급속 분만 등의 적절한 처치가 필요하고, 이것이 불충분하거나 지연되면 아기가 사망하거나 후유증을 남기게 된다고 한다.

분만 진행 중, 모자의 상태에 대한 주의 부족으로, 분만대 이외에서 분만하거나 탯줄이 자궁구로부터 탈출하면 태아의 생명에 악영향을 끼칠 수도 있다고 한다. 산도의 열상이나 자궁의 수축 불량에 의한 출혈은 때로는 단시간 내에 쇼크나 범발성 혈관 내 응고가 되기도 하는데, 이때 적절한 처치를 취하지 않으면, 산모 사망이라는 최악의 사태가 발생할 수 있다는 것이다. 이러한 상황은 분만 후 수 시간이 지났는데도 발생할 수 있어 주의해야 한다고 한다.

엄마가 그렇게 목숨 걸고 낳은 난 무럭무럭 잘 자랐다. 그런데 작은엄마가 시골집에서 첫애를 낳다가 돌아가시는 일이 생겼다. 부모님은 급히 시골로 내려가셔야 했다. 잠깐 내려가 상을 치르고 다시 서울로 올라올 생각이었다. 그런데 시골에서 아예 눌러살게 되었다. 엄마가 젖이 나오니 아이를 살리기 위해서였다. 내가 9개월이 되었을 때로, 나의 생활 무대가 갑자기 서울에서 충청도로 바뀌었다. 충청도로 내려오면서는 대가족이 한집에서 살았다. 할머니, 할아버지를 비롯해 큰아버지 댁, 우리 부모님, 작은아버지 댁, 삼촌, 고모 네 분. 가족이 많으니 일도 많고 탈도 많았다.

한번은 내가 방 구들장이 무너진 곳으로 떨어져 죽을 뻔했다고 한다. 또 한번은 마루에서 놀다가 마루 끝에 있는 맷돌 손잡이를 붙잡은 채, 토방 쪽으로 대롱대롱 매달려 울고 있더라는 것이다. 대가족이라 눈도 많고 귀도 많았을 텐데, 위급할 때마다 엄마가 달려와 나를 구했다.

또 어느 날, 아침 식사 후 엄마는 밭으로 김을 매러 가셨다. 고모가 사촌동생과 나를 돌보아야 했다. 그런데 고모는 나를 집에 혼자 남겨두고, 사촌동생만 업고 이웃 마을로 갔다. 엄마가 점심때가 다 되어 집에 돌아오니, 내가 삼밭 사이에 혼자 서 있더라는 것이다. 엄마를 발견한 난 "으아!" 하고, 반은 놀람과 반은 반가움이 섞인 울음을 터트렸다. "고모는 어디 갔어?" 하고 엄마가 묻자 손가

락으로 가리키며 "저쪽으로"라고 대답했고, "고모가 너에게 꼼짝도 하지 말고, 집에 있으라고 했어?"라는 물음에 난 "응"이라고 했다.

어린아이가 혼자 있으려니, 얼마나 무서웠을까! 엄마를 찾으려고 집 밖으로 나왔는데, 대문 앞 좌우에는 삼밭만 넘실대고 있었다. 삼 키가 얼마나 크던지 어른 키보다 더 크다. 지나가는 사람이 있어도 어린 나를 발견할 리 없다. 좌우 삼밭 사이에서 꼼짝하지 않고 엄마를 기다려야 했다. 엄마가 어느 밭으로 일하러 가셨는지 알 수 없었다. 안다고 해도 혼자 갈 수 없었다. 난 겨우 3살인 어린아이였으니까.

엄마가 목숨 걸고 나를 낳으셨다. 그리고 내가 위험한 상황에 놓일 때마다 엄마는 날 구해내셨다. 그러므로 난 얼마나 소중한 존재인가! 어린 시절의 나와 대면하면서 나를 더욱 뜨겁게 사랑하게 되었다. 에이브러햄 링컨은 이렇게 말했다.

"내가 성공을 했다면 오직 천사와 같은 어머니 덕이다."

태어날 때 엄마를 힘들게 했지만, 살아서 감사하다. 성장하면서 엄마를 여러 번 놀라게 했지만, 그때마다 구조되어 감사하다. 지금까지 내가 건강하게 살아왔으니, 이 또한 감사하다. 앞으로의 삶에도 미리 감사한다.

엄마의 아픔이
곧 나의 아픔

*
가족에게 자상하지 않으면
헤어진 뒤에 후회한다.

- 주희 -
*

부모님은 서울로 다시 올라올 생각이었다. 그런데, 내려가 보니, 올라올 상황이 아니었다. 엄마가 젖이 나오니, 조카를 살려보겠다는 것이었다. 아이 둘에게 젖을 먹이기 시작했다. 난 9개월이나 됐으니 젖을 떼도 되련만, 나에게도 먹였다. 젖이 잘 나오지 않을 때도 종종 있었다. 그러면 고모가 달려와 엄마 젖을 비틀어 짜낸다. 그렇게 해서라도 사촌동생에게 더 먹이려 했다. 끼니때가 되어 밥을 푸고 있는 고모에게 할머니가 말씀하신다.

"어린 애 둘이나 젖 먹이니, 밥 좀 수북하게 푸거라."

"창자는 다 똑같지, 누구는 많이 먹고 누구는 조금 먹어요?"

대가족이 사는 시골에서 엄마는 아이 둘에게 젖먹이면서 하루에 쌀 한 말씩 밥을 해야 했다. 그런데 밥은 실컷 드시지 못했다. 그리고 베 짜기도 엄마 몫이었다. 어느 날, 엄마는 조카에게 젖을 먹이다가 코피를 쏟았다. 그리고 어느 날은 베를 짜다가도 코피를 쏟았다.

하루는 사촌동생이 나박김치 그릇에 손을 넣고 만지작거렸다. 이것을 보고 아버지가 "하지 마!" 하고 꾸중했다. 이 모습을 지켜보던 할머니가 "너 배 아프냐?" 하면서, 숭늉이 담긴 물그릇을 방바닥에 집어 던진다. 안마당에 있던 엄마가 "어머니! 배 안 아파요. 배 아팠으면 젖 먹인대요?"라고 했고, 할머니는 "내가 너한테 그랬냐? 니가 왜 지랄이여? 니네 집이 잘되나 우리 집이 잘되나 두고 보자"며 역정을 내셨다. 엄마가 시집오셨으니 할머니 집이 곧 엄마 집이요, 엄마 집이 곧 할머니 집이다. 조카를 살려보겠다고 코피를 쏟으면서까지 젖을 먹이고 있는데, 그런 말씀을 하셨다.

할머니는 바다에 갈 때도, 엄마가 시집올 때 만들어 가지고 온 하얀 모시 앞치마를 가지고 가셨다. 돌아올 때는 그 하얀 모시 앞치마가 갯물에 뻘겋게 물들어 있었다.

"왜 제 앞치마를 가지고 가셨어요?"

"니 것 내 것이 어딨냐? 같이 쓰면 되지."

이런 환경에서 엄마는 더는 버티지 못해 새로 집을 짓고 살게 되었다. 이사 와서 남동생을 낳았는데, 할머니가 와보지도 않으셨다.

30여 년이 지나, 할아버지가 고혈압으로 갑자기 쓰러져 돌아가셨다. 그리고 우리 집에서 상을 치렀다. 장례를 치르는 데 쌀 두 가마가 들어갔다. 나도 결혼을 해서 철이 들었을 텐데, 왜 그때 장례식장으로 모시게 하지 못했을까? 장례를 치르고 결국 엄마는 몸살로 앓아누우셨다. 2년 후, 할머니도 대장암 수술을 받고, 큰아버지 댁이 아닌 우리 집으로 오셨다. 엄마가 6개월 동안 대소변을 받아야만 했다. 한번은 내가 집에 들렀다가 대변을 받은 일이 있다. 매일 치워야 하는 엄마를 부를 수가 없었다. 난생처음 어른 것을 치워봤다. 지독한 냄새로 비위가 뒤틀려 그날 저녁을 먹지 못했다. 후에 이런 일이 있었다고 말씀드렸더니, 마스크를 꼭 써야 한다고 하셨다. 그 후, 우리 집에서 운명하셨다. 돌아가시기 3일 전에 할머니가 엄마에게 하신 말씀이다.

　"내가 네 은혜 어떻게 다 갚는다냐?"

　"돌아가시면 어떻게 갚는대요?"

　장례식장에 가지 않고 우리 집에서 왜 또 상을 치르게 되었는지 알 수가 없다. 그렇게 장례를 치르고 엄마는 병이 났다.

　할머니가 돌아가신 지 25년이 지났다. 지금은 엄마가 점점 기억력이 나빠지고 있다. 7~8년 전, 교통사고 이후부터다. 하지만 큰아들 걱정은 날마다 하신다. 엄마는 오늘도 내게 전화하셨다.

　"너 대전에 전화해봤냐? 네가 대전으로는 전화하지 말라고 해서 너에게 전화했다."

"네! 어제 전화해봤어요. 잘 있다고 합니다. 전화드리라고 할게요. 너무 걱정하지 마셔요. 큰아들 잘 있어요."

엄마는 큰아들이 운송업을 해 잠시도 마음을 놓지 못한다. 자나 깨나 큰아들 걱정이다. 핸드폰에 2남 3녀의 단축키 번호(첫째 딸 1번, 둘째 딸 2번, 큰아들 3번, 셋째 딸 4번, 막내아들 5번)를 입력해드렸더니, 2번만 누르면 되니까 조그만 일이 있어도 내게 전화하신다. 한번은 울면서 내게 전화하셨다.

"애! 대전 애 잘 있냐? 무슨 사고 난 것 아니냐? 돈이 없는지, 지난번에 아무것도 안 사 왔더라."

"아뇨! 잘 있어요. 부자 되었어요."

"아녀, 분명히 무슨 일 있어. 너는 알고 있을 게 아니냐!"

"아니에요. 그때는 급하게 들르느라 그랬고, 그다음에는 고기, 과일, 떡 등 많이 사왔잖아요."

"그랬냐? 난 못 먹었다."

또 한번은 근무 중에 전화가 왔다. 다급해 하시며 떨리는 목소리였다.

"애 큰일났다. 우리 집 재산이 다 날아갔어. 큰일이야, 어쩌면 좋으냐? 문서가 날아왔어."

"엄마, 곧 근무 마치니 끝나자마자 갈게요. 기다리셔요. 그럴 일이 분명 없으니, 편안히 계셔요. 제가 가서 확인하고 말씀드릴게요."

근무를 마치고 달려가 보니, 아무 일 없었다는 듯이 앉아계셨다. 엄마는 전화하신 사실조차도 잊은 채, 얼굴이 평안해 보였다. 다행이었다. 문서를 확인해 보니, 등기 관련 문서였다. 며칠 전 할아버지 산소가 남의 땅으로 들어가, 우리 땅을 팔고 산소를 산 일이 있다. 그 관련 문서라고 어머니께 설명해드렸다. 그리고 나에게 전화하셨다는 말씀을 드리니, "내가 언제 너에게 전화했냐? 나 전화한 적 없는데…"라고 하셨다.

난 엄마의 전화를 받으면 언제든지 달려가야 한다. 엄마를 편안하게 해드리려면 최대한 빨리 도착해야 한다. 불안에 휩싸여 계실 엄마 얼굴을 떠올리며 60Km 이하로 운전해야 하는 시골길을 70~80Km로 달려야 한다. 그런데 엄마는 평안히 계셨다. 난 한숨을 몰아쉬며 엄마를 안아드렸다.

"너 바쁘지? 며칠 있으면 총동문회 체육대회인데, 꼭 와라. 보고 싶다. 얼굴 좀 보여줘!"

초등학교 동창생의 전화이다.

"너 바쁘지? 오늘 동창회에 참석할 수 있어?"

중학교 동창생의 전화이다.

"늦게나 갈 수 있어. 부모님께 들러서 저녁 해드리고 약도 챙겨드려야 해. 이따가 보자."

이렇게 동창생들이 내게 전화하면 '너 바쁘지?'로 시작한다. 부모님 식사, 그리고 약을 챙겨드려야 하는 것을 아는 친한 친구들이다. 치과, 내과, 한의원에도 모시고 가야 한다. 목욕도 시켜드려야 하고, 그 밖에 은행 업무도 봐드려야 한다. 엊그제는 엄마가 외할머니, 외할아버지 산소에 가고 싶다고 하셔서 모시고 다녀왔다.

인생은 바람 같은 나그네다. 어떤 사람은 순한 바람처럼 왔다가 소리 없이 간다. 어떤 사람은 태풍 같아서 그 주변을 쑥대밭으로 만들고 간다. 그러나 어떤 사람은 희망의 씨앗을 뿌리고 간다. 또 어떤 사람은 꽃을 피우고 많은 열매까지 맺게 한다. 바로 우리 엄마가 집안이나 주변 사람들에게 많은 꽃을 피웠고, 풍성한 열매까지 맺게 했다. 올해 엄마는 84세로, 하신 말씀을 또 하신다. 정작 당신은 매번 처음으로 말씀하실 뿐이다. 엄마의 아픔은 곧 나의 아픔으로, 잠 못 이룰 때가 많다.

04

내 인생도
8할이 바람이다

*
역경은 사람을 부유하게 하지는
않으나 지혜롭게 한다.

- 풀러 -
*

애비는 종이었다. 밤이 깊어도 오지 않았다.

파뿌리같이 늙은 할머니와 대추꽃이 한 주 서 있을 뿐이었다.

어매는 달을 두고 풋살구가 꼭 하나만 먹고 싶다 하였으나….

흙으로 바람벽한 호롱불 밑에

손톱이 까만 에미의 아들.

갑오년(甲午年)이라든가 바다에 나가서는 돌아오지 않는다 하는

할아버지의 숱 많은 머리털과 그 커다란 눈이 나는 닮았다 한다.

스물세 해 동안 나를 키운 건 팔할(八割)이 바람이다.

미당 서정주의 시 〈자화상〉의 일부분이다. 이 시에서 화자는 매우 가난하고 어려운 삶을 살아왔음을 알 수 있다. 젊은 시절, 20여 년 동안 방황과 시련이 자신을 키웠다고 표현하고 있다.

초등학교 시절, 학교에서 설문 조사하는 것들이 많았다. 그중에 각 가정의 재산을 꼭 조사하곤 했다. 한 번 조사하면 다음 담임에게 인계하는 것이 아니라, 해마다 같은 내용을 반복해 조사했다. 조사할 때마다 매년 우리 집은 가난한 집이라는 것을 인식해야만 했다. 재산이 얼마나 있어야 부자이고, 아닌지는 잘 몰랐다. 하지만 다른 집과 비교가 되어 '우리 집은 가난하다' 이렇게 인식되었다.

중학교 때까지는 집에서 학교에 다니고, 고등학교는 집으로부터 멀리 떨어진 천안여고에 들어갔다. 고등학교에 입학한 해가 1977년으로 언니가 들어갔으니 나도 천안여고를 선택했다. 내가 고1, 언니는 고3이었다. 그 당시 낮에는 직장에 나가 돈 벌고, 밤에는 야간학교에 다니는 학생들이 많았다. 그런데 우리는 가난한 집에 실업계가 아닌 여고에 2명이나 다니고 있으니, 부모님께 늘 죄송한 마음으로 학교에 다녔다. 입학시험에 떨어지면 고등학교를 포기하는 조건으로 시험을 치렀었다. 다행히 합격해 언니와 나란히 여고에 다니게 된 것이다.

방을 얻어 언니와 자취했다. 그 당시 수업료가 19,500원이었고, 방세는 월 3,000원이었다. 부엌이 제대로 갖춰진 방이면 5,000원인데, 옛날 사랑방처럼 대문 옆에 방을 내어, 다른 데보다

저렴했다.

　충남 각지에서 온 학생들이 입학 직후에는 서로 낯설어하며, 출신학교 학생들끼리 어울렸다. 하지만 내가 다녔던 천북중학교에서는 2명이 지원했는데, 반이 달라 쉽게 만나서 어울릴 수 없었다. 자연스레 시골에서 올라온 학생들끼리 어울리게 되었다. 홍성군 은하면 친구, 홍성 친구, 그리고 안면도에서 올라온 친구와 가까이 지냈다.

　하루는 은하 친구가 혼자 자취한다고 하면서 같이 지낼 수 없냐고 내게 제안했다. 시골에서 올라왔다는 것으로 벌써 마음이 통했다. 난 언니와 상의한 후 답변을 주겠다고 했다. 곧 언니의 허락을 받아 작은 방에 셋이 살게 되었다. 자매가 자취하는 곳에, 끼어 산다는 것이 쉽지 않았을 텐데, 그렇게 같이 고등학교 생활을 시작했다. 언니는 고3이었으니, 대입 준비하라고 언니 몫으로 내가 식사 준비를 많이 했다. 그리고 내 차례가 되어서 했고, 내가 성격이 급하니 친구 대신 할 때도 있었다. 반찬을 여러 가지 준비해 밥상을 차린 것은 아니지만, 공부 시간을 빼앗기지 않기 위해 시간을 재어가면서 밥하고 설거지했던 기억이 난다. 아침에 일어나 밥해 먹고 설거지까지 하면 최소 1시간이 걸렸다. 그렇게 1년을 보내고 언니가 고등학교를 졸업했다. 난 친구와 둘이 자취하면서 1년을 보냈는데, 내가 고3이 되었을 때 남동생이 천안으로 올라왔다. 천안 북일고에 들어간 것이다. 남동생이 천안으로 올라왔을 때는 주인집에서 사랑방은 없애고, 사랑방이 있던 자리에 방 두 개를 만들었다. 그리고 부엌도 제대로 갖추게 되었다. 한 방은 친구가 또 다른 친구와 같이 사용하고, 다른 한 방은 동생과 내가 사용했다. 월세는 5,000원으로 올랐다.

어느 날, 시험공부를 하기 위해 새벽에 눈이 떠졌다. 그때 마침 동생도 일어났다. 그런데 동생이 일어나자마자 픽 쓰러지는 것이다. 난 깜짝 놀라 동생을 불렀다. 그런데 대답이 없었다. 내 몸도 잘 가눌 수가 없다는 것을 느꼈다. '연탄가스 중독이구나' 하는 생각이 스쳤다. 있는 힘을 다해 방문을 두드리면서 도움을 요청했다.

눈을 떠 보니, 마당이었다. 나와 동생이 안마당에 나란히 누워 있었다. 친구들과 안집 아주머니께서 우리를 내려다보고 있었다. "괜찮아?" "괜찮아?" 여기저기서 물었다. 우리 남매를 방에서 끌어내 흙 마당에 눕혀 놓았다. 연탄가스 중독에는 흙냄새가 좋다고 해서 그렇게 했다는 것이다. 김칫국을 건네주어 한 사발 마셨다. 그때야 친구들과 아주머니가 선명하게 보였다. 그리고 하늘도 보였다. 점점 밝아오는 새벽하늘이었다.

하마터면 연탄가스로 죽을 뻔한 일이 벌어졌다. 생각해보니 연탄을 갈면 부엌문을 열어놓아야 하는데, 그렇게 하지 못하고 잠이 들었다. 그날, 등교는 했지만 공부는 전혀 하지 못했다. 온종일 머리가 아팠던 기억이 난다. 1980년대까지만 해도 연탄가스로 죽는 사람들이 많았다. 아침에 일어나 뉴스를 들어보면 지난 밤, 어느 지역에서 누군가 연탄가스로 사망했다는 뉴스는 어김없이 올라왔다. 동생과 내가 그 뉴스의 주인공이 될 뻔했다.

경제적인 어려움으로 고등학교를 간신히 다니고 있었다. 가을 어느 날, 친구들이 어느 대학에 진학할 것인지 대화를 나누고 있을 때, 난 부러운 눈으로 친구들을 바라봐야만 했다. 대학에 진학한다는 것은 엄두를 내지 못했다. 하지만 언젠가는 꼭 대학에 들어가고야 말겠다는 생각으로, 졸업 후 이사할 때마다 고등학교 교과서를 가지고 다녔다.

남동생이 도보로 학교에 다닐 수 있도록 북일고 근처로 이사했다. 그런데 고향에 사는 아주머니가 우리 아들도 같이 데리고 있어 달라고 부탁하셨다. 난 밥해주는 것이 힘들지만, 고향에 사는 동생이고, 자취방 월세며 전기세를 절약할 수 있다는 생각에 허락하고 말았다. 이때부터 점심과 저녁 도시락 4개를 준비하기 위해 새벽에 일어나야 했다. 새벽에야 얼마든지 일어날 수 있지만, 반찬이 문제였다. 그러나 날마다 도시락을 준비해 보내곤 했다.

반찬 만드는 것보다 더 힘든 것이 있었다. 바로 남동생들과 한 방에서 생활하는 것이었다. 내 동생은 괜찮았는데, 남의 동생은 너무 불편했다. 다행히 자취방에 다락방이 하나 있었다. 천장이 낮아 몸을 완전히 일으킬 수는 없었으나, 그곳이 내 방이 되어 잠잘 수 있었다. 몇 개월 후, 외사촌 여동생도 약 2개월 정도 같이 있게 되었다. 무슨 사정이 있었는지 자세히는 모르지만, 외숙모님이 부탁하서서 데리고 있었다.

동생들에게 밥을 해주면서 난 대학을 꿈꾸기 시작했다. 이대로 지낼 수는 없었다. 고등학교 졸업한 지 2년째 되는 가을에 학원에 등록했다. 시험 보는 감각을 되찾기 위해서였다. 그래서 학원에 1개월 다니고 대학시험을 치렀다. 시험 결과가 예상한 것보다 잘 나와 충남대학교를 희망했다. 그런데 동생들을 돌보아야 하므로 천안에 있는 단국대학교 국어국문학과에 지원했다. 등록금이야 어찌되었든 무작정 지원했다. 다행히 대학교 졸업 후에 갚는 학자금 대출이 있어, 국민은행에서 대출을 받아 등록했다. 이렇게 해 어렵게 대학생이 되었다.

대학에 들어가 보니, 고향 이웃 마을에 사는 초등학교 후배를 만났다. 혼자 자취하고 있다며 우리와 같이 있었으면 했다. 난 남동생이 있어서 안 된다고 했다. 그런데 그 부모님이 간절히 부탁하셨다. 제발 우리 애를 데리고 있어 달라는 것이었다. 그 여동생은 내 남동생과 초등학교 동창이다. 지금 생각해보면 같이 자취할 상황이 전혀 아니었는데, 그렇게 또 같이 살게 되었다. 방이 하나니 난 늘 가운데에서 잠을 자야 했다.

이렇게 생활하다가 남동생이 고등학교를 졸업하고 대학 시험의 공부를 하다가 입대했다. 그리고 막내 남동생이 또 천안으로 올라왔다. 천안고등학교에 들어간 것이다. 천안고등학교 바로 앞집으로 이사했다. 주인집 옆에 좀 허름하게 지은 자취방 두 개가 있었는데,

그중 하나를 사용했다.

중학교 졸업 후, 결혼 전까지 여러 명에게 밥을 해줬다. 언니, 남동생 2명, 고향 마을 남동생, 이웃 마을 여동생, 외사촌 여동생. 연탄가스는 한 번 더 마셔야 했다. 그럼 결혼 후에는 편안했을까? 이탈리아 격언에 이런 말이 있다.

"문에서 고생하지 않는 자는 창문에서 고생한다."

고생이 나를 따라다녔다. 나 또한 고생을 불러들였다. 친정엄마는 "너는 5남매 중에 고생을 제일 많이 했어. 어렸을 때는 제대로 젖도 못 먹고 밥도 실컷 못 먹더니, 커서는 동생들 밥해주느라 고생했어. 지금은 우리 챙기느라, 그리고 조카들 챙기느라 고생이다. 우리는 괜찮으니, 이젠 네 인생 네가 챙겨라. 네 몸이 하나이지, 몇개 되는 줄 아냐?"고 늘 말씀하셨다. 그렇다. 지금까지 고생을 달고 살았다. 아이들 키워놓고 좀 편안하게 살 줄 알았는데, 지금은 부모님이 연로하시다.

05

고통은 있어도
절망은 없다

*
고통은 인간의 위대한 교사이다.
고통의 숨결 아래에서 인간은 성장한다.
- *M. 에센바하* -
*

대학에는 들어갔지만, 학기마다 내는 등록금이 문제였다. 그래서 열심히 공부해 성적장학금을 받아야겠다고 결심했다. 그 결과 1학년 1학기 첫 시험 결과, 차석 장학금을 받았다. 수석은 나보다 두 살이나 많은 언니가 했다. 난 고등학교를 졸업하고 2년 늦게 대학에 들어갔는데, 이 언니는 4년이나 늦게 대학에 들어왔다. 그러니 얼마나 열심히 공부했겠는가. 나보다 더 억척같이 공부하는 언니였다. 성적장학금은 나에게 보장된 것이 아니라는 것을 알았다. 그리고 생활비도 필요했다.

난 아르바이트를 쉬지 않고 했다. 대학교 4년 내내 초등학생들을 가르쳤다. 한 애만 가르친 것이 아니라 어떤 집에서는 형제를 가르치기도 해 기본이 3명이었다. 아르바이트로 교통정리, 우체국 업무, 은행에서 안내 업무도 했다. 그런데 이렇게 열심히 노력했는데도 3학년 2학기에 등록금이 부족해서 등록하지 못할 지경에 놓였다. 그래서 휴학하기 위해 교무처로 찾아가, 사정 이야기를 했다. 그런데 휴학하려면 등록금을 내어 등록한 후, 휴학계를 내야 한다고 했다. 난 등록금이 부족해 휴학하려고 했는데…. 휴학 처리 과정에 대해 내가 모르고 있었다.

고민하다가 작은아버지를 찾아갔다. 부동산업을 하셔서 부자였다. 작은아버지께 용기를 내어 말씀드리기만 하면 빌려주시리라 믿었다.

"작은아버지! 제가 대학교를 다니고 있는데, 등록금이 부족해 휴학계를 제출하려고 했더니, 휴학하려면 등록금을 내야 휴학 처리가 된다고 합니다. 죄송합니다만, 등록금을 빌려주시면 졸업 후에 꼭 갚겠습니다."

난 작은아버지가 돈 빌려주시기는 쉬우리라 생각했었다. 왜냐하면 작은아버지는 부자이니까. 그런데 작은아버지는 돈이 없다고 딱 잘라 대답하셨다.

작은아버지 댁에서 나오는데, 장대비가 소나기 퍼붓듯이 계속 쏟아졌다. 사촌 남동생이 미안했는지, 우산을 같이 쓰고 걸어오면서 계속 위로해줬다. 집으로 곧장 내려오지 않고, 고모네 미용실로 갔다. 여동생이 이곳에서 미용을 배우고 있다. 셋이서 여러 이야기를 밤늦도록 나누면서 서로가 서로를 위로했다. 이 사촌동생이 아기였을 때 우리 엄마 젖을 먹고 자란 애다. 친 남동생이나 다름없는 이 동생이 얼마나 미안해하던지 5만 원을 봉투에 넣어 내게 건넸다. 여동생도 내 이야기를 듣고, 다음 날 석 달을 가불해 내게 주었다. 그 당시 동생이 미용을 배우면서 일해 받았던 월급이 6만 원이다.

그 후에도 여동생이 대학에 찾아와 두 달 월급을 또 내게 건네고 돌아갔다. 나중에 여동생에게서 들은 이야기인데, 나를 만나고 대학교 진입로를 걸어 나오면서, 대학에 다니는 언니가 부러워 울면서 되돌아갔다고 했다. 이렇게 동생이 도와주어 대학 등록을 마치고 계속 학교에 다닐 수 있었다.

"돈을 너무 가까이하지 마라. 돈에 눈이 멀어진다.
돈을 너무 멀리하지 마라. 처자식이 천대받는다."

탈무드에 나오는 말이다. 난 작은아버지로부터 거절을 당하고 돌아오면서, 돈이 많다고 해서 다 부자라고 할 수 없다는 것을 알게 되었다. 돈 많은 작은아버지보다 돈 없는 내 여동생이 더 부자라는 것을 깨달았다. 내가 졸업한 후에 작은아버지 앞에 떳떳한 모습으로 반드시 서겠다고 다짐했다.

인생은 고난의 연속이다. 고난을 넘기면 고난이 끝이 아니라, 다른 고난이 또 기다리고 있었다. 충남 광천에 있는 서해삼육중·고등학교로 발령을 받고 8년을 마무리할 즈음, 경북 경산시로 인사 발령이 났다. 문제는 자녀가 어려서 데리고 갈 수 없다는 것이었다. 그래서 혼자 가기로 하고, 인생 모험 한번 해볼 양으로 임지로 갔다.

그런데 아이들과 떨어져 지내는 고통은 상상 그 이상이었다. 그 고통을 어떻게 말로 다 표현할 수 있으랴! 주말마다 경북에서 광천으로 열차를 타고 아이들을 보러 다녔다. 경북 경산에서 천안까지 3시간, 천안에서 광천까지 1시간 30분, 중간에 열차를 기다리는 시간을 포함하면 5시간이 걸린다. 이렇게 주말마다 왕복 약 10시간 이상을 열차와 대기실에서 보냈다. 아이들을 보면서 빨래해 정리해 놓고 집 안 청소하면 또 되돌아갈 시간, 아이들과 헤어지는 시간이 가장 고통스럽고 견디기 힘들었다. 이렇게 3년을 보냈다.

무엇을 얻고 무엇을 잃었을까? 교직 생활은 계속할 수 있었지만, 큰아이의 어금니 하나가 충치로 거의 다 썩어 있었다. 잃은 것이 딸아이의 어금니라는 것을 돌아오자마자 발견했다. 딸아이의 이를 점검하지 못했던 것이다. "미안하다. 네 이를 살펴보지 못했어." 소파에 앉아, 아이 손을 붙잡고 눈시울을 적셔야 했다.

또 하나는 둘째 아이 장딴지에 아이 주먹만 한 상처가 생긴 것이다. 왜 그렇게 되었느냐고 물어보니, 할아버지 오토바이에 그랬다는 것이다. 할아버지가 오토바이를 타고 들어오셔서 방금 주차했는데, 아들이 지나면서 열이 채 식지 않은 배기가스 통에 장딴지가 스쳐 화상을 입었다는 것이다. 아이 장딴지를 잡고 눈물을 삼켜야 했다.

직장과 아이들 돌보기, 둘 다 완벽하게 할 수는 없다. 특히 나처럼 직장이 멀리 있는 사람은 부족한 것이 더 많다. 그래서 큰아이는 나도 하지 않은 금니를 했고, 작은애는 장딴지에 상처가 생겼다. 엄마 없는 고생을 많이 해야 했다. 애들만 고생한 것이 아니다. 할머니, 할아버지를 비롯해 아이 아빠, 고모까지 모두가 고생했다.

25년이 지난 지금, 내가 지냈던 그 자취방에 들어가면 내 울음소리가 들릴 것만 같다. 내가 주로 생활했던 안방 벽에 스며들었던 내 울음소리가 튀어나올 것만 같다. 그렇게 많이 그 방에서 울어야 했다. 그래서 내 눈은 날마다 부어 있었다. 그 후, 너무 힘들기에 점점 기도하는 시간이 많아졌다. 기도하는 시간이 늘면서 눈물 흘리는 날은 줄어들었다. 그런데 피곤해 눈이 붓는 날에도 울어서 그런 줄 알고 선생님들은 나를 위로해줬다. 나폴레옹은 이렇게 말했다.

"고통을 거치지 않고 얻은 승리는 영광이 아니다."

발령을 받고 다시 광천에 있는 서해삼육중·고등학교로 돌아오니, 내가 전쟁터에 나가 전쟁을 승리로 이끈 개선장군 같았다. 아이들과 같이 지내는 기쁨이 얼마나 큰지, 잠시도 아이들 곁을 떠날 수 없었다. 매일 감사하는 하루하루였다. 가족과 떨어져 사는 고통을 겪고 나니, 행복이란 가족과 함께 사는 것이었다. 아이들과 함께 사는 곳이 바로 천국이었다.

난 지금도 우리 아이들에게 말한다. 내가 경상도로 전근 가서 잘 보살피지 못한 그 3년을 두고두고 갚겠다고 말이다. 엄마인 내가 너희들을 얼마나 사랑하는지 마음만이 아닌 눈에 보이는 것으로 꼭 갚겠다고 말했다. 그리고 지금 하나씩 실천하고 있다. 이것이 엄마로서 앞으로의 할 일이다.

06

성격이
인생을 만든다

*
인간의 운명은
그의 성격의 결과이다.
- 에머슨 -
*

공부하거나 업무를 처리할 때, 난 주변 정리부터 한다. 이런 습관은 어렸을 때부터 있었고, 지금까지 이어지고 있다. 초등학교 3학년 때로 기억된다. 학교에 다녀와서 방, 마루, 마당 청소를 했다. 그리고 마당에 곱돌로 '깨끗하게 사용하기'라고 써놓고 놀러 나갔다.

주변 정리를 하다보면 가끔은 정작 중요한 일을 할 시간을 빼앗기는 경우가 있다. 그래서 자신을 탓하면서 이러한 성격을 바꾸고 싶었다. 특히 시험을 앞두고 공부에만 전념해야 하는데, 주변 정리하다가 귀한 공부 시간이 줄어든 적이 여러 번 있었다. 공부하기 전에 주변 정리부터 하라고 누가 시킨 것도 아닌데, 난 주변 정리를 해야 공부가 잘되었다.

나와는 정반대로 어떤 사람은 주변 환경이 어떻든지 상관하지 않는다. 주변이 아무리 지저분해도 전혀 눈에 들어오지 않는 모양이다. 오로지 자신이 현재 하고자 하는 그 일에만 신경 쓴다. 어느 것이 옳은지 말하려고 하는 것이 아니다. 바로 성격 차이라는 것이다.

그러면 성격 형성에 영향을 미치는 요소는 무엇일까? 유전적인 요소일까? 아니면 환경적인 요소일까? 심리학자들이 실험하고 사례를 분석한 결과, 유전자 기질이 거의 비슷한 일란성쌍둥이와 같지 않은 이란성쌍둥이를 봤을 때, 일란성쌍둥이가 성격상의 공통점이 많다는 점을 주목했다. 이것은 유전적인 요소의 영향이 큰 사례라고 볼 수 있다. 또 한 사례는 18세기 말, 프랑스 남부지방 야생에서 발견된 열두 살 소년이다. 이 소년은 짐승과 다름없었다. 문명과 관련한 것은 전혀 받아들이지 못했다. 이 소년을 양육하며 관찰한 의사 '이타르'는 이 소년의 지능이 떨어지는 것이 아니라 자신에게 필요한 환경에 대해서만 지능이 발달한 것이라고 결론지었다. 이 사례는 환경적인 요소가 지배하는 사례라고 볼 수 있다.

그러므로 성격 형성에 영향을 미치는 요소는 유전적인 요소와 환경적인 요소 둘 다 맞다. 그러면 두 요소 중 어느 요소가 더 강하게 영향을 받을까? 바로 환경적인 요소이다. 환경에 의해 그 사람의 성격이 변화하고 발전하기 때문이다.

내가 영남삼육고등학교에서 근무할 때다. 교내 축제 때, 담임교사에게 불만이 있거나 평소에 하지 못했던 말들을, 학교 옥상에 올라가 확성기로 호소하는 프로그램이 있었다. '난 아이들의 불만을 살 행동을 하지 않았으니, 우리 반은 나가지 않겠지!' 했다. 그런데 갑자기 옥상에서 내 이름을 부르는 것이었다. 학교 건물이 3층이었는데, 운동장에서 보니 반장을 비롯해 서너 명이 올라가 있었다. 열띤 목소리로 1년 동안 쌓였던 불만을 쏟아 놓기 시작했다.

"고등학교 1학년 1반 담임 김선옥 선생님! 우리, 화장실 청소가 너무 힘듭니다. 변기를 어떻게 그릇처럼 깨끗하게 닦으라고 하십니까? 너무하시는 거 아닙니까? 청소 검사도 좀 대충 하시고 넘어갈 때도 있어야지요. 그렇게 우리를 숨 막히게 하시겠습니까?"

확성기로 울려 퍼지는 아이들의 목소리는 경산 시내까지 들릴 것 같았다. 반은 웃음으로 말하고 있었지만, 정말 힘들었음을 호소하고 있었다. 내가 그렇게 청소 지도를 했었다. 그렇다고 청소 결과가 내 마음에 쏙 든 것도 아니다. 고무장갑을 끼고 성실하게 시간만 좀 투자하면 반짝이게 닦을 수 있었다. 그런데 청소 검사를 해보면 늘 부족했다. 이렇게 지도하지 않으면 학생들은 대충 물만 뿌려놓고 청소했다고 한다. 그런데 옥상에 올라가 화장실 청소 이야기를 할 줄은 몰랐다. 순간 당황했지만, 사실은 사실이니까 인정했다. 그다음부터 좀 약하게 지도는 했지만, 어쨌든 완벽주의자라는 말을 몇 번 더 들어야 했다.

지금 부모님을 봉양하는 데도 이런 성격이 적용되고 있다. 부모님 댁에 가보면 부족한 것이 너무나 많다. 그리고 챙겨드려야 할 것도 많다. 몇 가지 나열하면, 식사 준비, 청소, 빨래, 목욕시켜 드리기, 미용실 가기, 은행 업무, 각종 세금 납부, 병원 진료, 외조부모님 산소에 모셔다드리기, 산소 벌초하기 등 끝이 없다. 이렇게 나열한 것들은 한 번으로 그치는 것이 아니다. 매일 또는 매주, 아니면 매달 또는 매년 반복되는 일들이다. 부모님께서 원하시는 것을 한 번이라도 말씀하시면 내 성격에 그냥 넘길 수가 없다. 그것도 부모님께서 흐뭇한 마음이 들도록 해야 직성이 풀린다.

몇 달 전부터 어머니가 부모님 산소에 가보고 싶다고 하셨다. 즉 내게는 외조부모님 산소다. 아버지 말씀으로는 걸어서 가겠다고 매일 말씀하신다는 것이다. 그래서 내가 모시고 가겠다고 말씀드리면 "너까지 고생시키고 싶지 않다"고 여러 번 말씀하셨다. 내가 직장일 외에도 여러 가지로 바쁘기는 하지만, 산소에 모시고 가는 일은 어렵지 않다. 문제는 벌초를 하지 않았다는 것이다. 벌초하지 않으면 수풀이 우거져서 올라갈 수 없다. 어머니는 걷기도 힘들어하신다. 3년 전까지만 해도 사위인 아버지가 벌초하셨다. 그런데 올해는 88세로 벌초하시라고 내가 모시고 갈 수는 없었다. 그래서 고민하다가 사람을 불러 벌초하리라 결단을 내렸다.

벌초하기 전 산소 위치를 알리기 위해 산소에 갔다. 산소인지 산인지 분간할 수 없었다. '3년 동안 벌초하지 않으면 저렇게 되는구나!' 할 정도로 풀이 아닌 나무가 우거졌다. 어머니가 산소에 왔다 가시는 것이 내 목표다. 그래서 최대한 편하게 올라가실 수 있도록 해달라고 부탁했다. 그리고 다음 날 벌초하기로 했다.

벌초를 다 했다는 소식을 듣고 퇴근하면서 산소에 가보았다. 난 깜짝 놀랐다. 전에는 산소에 가려면 밭고랑을 타고 가다가 밭두둑으로 올라가야 했다. 그다음 밭두둑에서 산으로 또 기어 올라가야 했다. 그리고 계속 오르고 또 올라가야 산소가 보였다. 그리고 이렇게 올라가는 길이 산소 옆길이다. 그런데 지금은 산소가 마을을 내려다볼 수 있도록 길을 앞부분으로 내었다. 한마디로 대문을 옆에서 앞으로 낸 것이다. 그리고 산소 가는 길도 지름길이면서 평탄한 길을 개척해놓았다. 산소 앞에서 마을을 내려다보니 마을 전체가 훤히 보였다. 산소 자리가 하루 사이에 명당자리로 바뀌었다. 이제 부모님을 모시고 가기만 하면 되었다.

3일 후, 부모님을 모시고 언니도 동석해 산소에 갔다. 아버지는 깜짝 놀라셨다. 어떻게 앞으로 길을 낼 생각을 했으며, 벌초도 이렇게 깔끔하게 했냐고 하셨다. 언니도 흐뭇해했다. 그런데 어머니는 산소 앞에 앉으셔서 꿈인지 생시인지 하셨다. 그리고 뜻밖의 말씀을 하셨다. "어떻게 이런 가시덤불 속에서 어머니가 누워 계실 수 있지? 모시고 집으로 갈 수만 있으면 가고 싶다." 산소 주변 가시덤불을 보고 하신 말씀이다. 어머니의 어머니이니, 당연히 그런 마음이 들겠다는 생각이 들었다. 산소에서 내려오면서, 어머니가 어렵지 않게 산소에 왔다 가실 수 있도록 길을 내고 벌초해준 사람에게 진심으로 감사했다. 어머니를 생각하면서 만든 길이 얼마나 멋지던지, 차를 타고 내려오면서 보고 또 보았다.

어머니는 나에게 "네 인생도 있는데, 여기 너무 신경 쓰지 마라. 너도 쉬어야지. 시댁에 가랴, 여기에도 오랴, 네 살림하랴, 조카들도 챙기랴, 몇 집 살림이냐?"라고 자주 말씀하신다. 그렇다. 퇴근 후에도 난 바쁘게 이 집 저 집 다니느라 늘 바쁜 삶을 살아가고 있다. 내가 가지 않아도 당장 어떻게 되는 것도 아닌데, 홍길동처럼 동에 번쩍 서에 번쩍한다. 홍길동 같다고 해서 별명도 생겼다. 홍길선이다. 내 이름 중 '선'을 넣어서 어느 선생님이 지어준 이름이다. 이렇게 매일 고달픈 삶이 지속되고 있다. 이제 좀 편안하게 지내도 된다. 나를 위해 좀 이기적인 삶을 살아도 된다. 그런데 내 성격이 나를 편안하게 내버려두지 않는다. 자식이 가까이 있으면 내가 더 바쁠 텐데, 멀리 있으니 자식을 도울 엄두는 내지 못하고 있다.

" 성격은 사람을 안내하는 운명의 지배자이다. "

헤라클레이토스는 이렇게 말했다. 성격은 개인의 사고방식과 행동 양식을 결정짓는 중요한 요인이다. 그러므로 성격은 인생에 지대한 영향을 미친다. 성격이 바로 인생의 근본으로, 성격이 인생을 만들어간다. 성격이 곧 그 사람의 인생이다.

07

힘들 때마다
이렇게 극복했다

*
자기 영혼을 기도 속에 듬뿍 적신 사람은
모든 시련을 조용히 견딜 수 있다.
- 리처드 밀른스 -
*

지금까지 살면서 인생에서 가장 힘들었던 때가 언제였냐고 나에게 묻는다면, 난 조금도 망설임 없이 세 살배기 아들, 그리고 초등학교에 입학한 딸아이와 떨어져 있었을 때라고 말하겠다. 충남에서 경북으로 발령났을 때, '내 인생에서 모험 한번 해보자' 하는 마음으로 임지로 갔었다. 그런데, 하루하루가 견디기 힘들었다. 귀가하면 학교에서 온종일 참았던 울음을 쏟아내야 했다. 자취집에 혼자 있으려니, 아이들 생각이 더욱 났다. 그래서 기차역 방향으로 무작정 걸어서 시내를 한 바퀴씩 돌기 시작했다. 바람을 쐬면 조금 나아졌기 때문이다.

어느 날엔가 집으로 돌아오다가 서점에 들렀다. 류시화 시인의 시집이 눈에 들어왔다. 《그대가 곁에 있어도 나는 그대가 그립다》를 서서 읽다가, 구매해 집으로 돌아왔다. 읽어 내려가기 시작해 한 권을 단숨에 읽었다. 여러 시 중에서 가장 내 마음에 든 시가 바로 시집 제목이었다. 이때부터 이 시를 암송하면서 다녔다. 하루는 학생들에게 암송해주면서 질문을 던졌다.

물속에는 물만 있는 것이 아니다.
하늘에는 그 하늘만 있는 것이 아니다.
그리고 내 안에는 나만이 있는 것이 아니다.

"이 시에서 물속에는 물만 있는 것이 아니라고 했는데, 그럼 또 무엇이 있죠?"

"낙엽요. 개구리요."

"하늘에는 그 하늘만 있는 것이 아니라고 했는데, 또 무엇이 있을까요?"

"구름요 새요."

"그리고 내 안에는 나만 있는 것이 아니라고 했는데, 무엇이 있다는 말이죠?"

"그대요."

"맞아요, 그대입니다. 첫 번째 질문에도 '그대'요, 두 번째 질문에도 '그대'요, 그리고 마지막 질문에도 '그대'입니다. 이 시의 제목이 바로 〈그대가 곁에 있어도 나는 그대가 그립다〉입니다."

류시화의 시처럼, 물속에는 물만 있는 것이 아니었고, 하늘에는 그 하늘만 있는 것이 아니었다. 그리고 내 안에는 나만 있는 것이 아니었다. 어느 곳이든 사랑하는 딸과 아들이 있었다. 야고보서 5장 13절에 이런 말씀이 있다.

"너희 중에 고난당하는 자가 있느냐 저는 기도할 것이요, 즐거워하는 자가 있느냐 저는 찬송할지니라."

일일 여삼추(一日如三秋)라는 말이 맞는 말이었다. 매일 기도하지 않으면 이겨내지를 못했다. 어느 날 아침, 〈교회지남〉을 읽는데, '걱정은 하나님과의 거리를 멀게 하는 것이다'라는 문구가 있었다. 아이들에 대해 걱정한다고 해서 멀리 있는 내가 어떻게 도와줄 수 있는 문제가 아니었다. 차라리 우리 아이들을 하나님께 맡기고, 나에게 맡겨진 학교 업무에 충실히 하는 것이 현명하다는 생각이 들었다. 이날 이후로 아이들에 대한 걱정이 많이 줄었고, 힘들 때마다 기도했다. 어느 날은 퇴근 후 집에서 쉬고 있는데, 영어 교사였던 이송림 선생님에게서 전화가 왔다.

"선생님! 힘들죠? 그래서 제가 전화했어요. 제가 노래 불러드릴게요. 힘내세요."

당신이 지쳐서 기도할 수 없고,
눈물이 빗물 되어 흘러내릴 때
주님은 아시네 당신의 약함을
사랑으로 돌봐주시네.
누군가 널 위해 누군가 기도하네.
네가 홀로 외로워서 마음이 무너질 때
누군가 널 위해 기도하네.

가늘고 예쁜 목소리가 전화선을 타고 내 귀에 들려왔다. 선생님의 노래를 들으면서 난 점점 목이 메어왔다. 내가 걱정되어 전화해주고, 노래까지 불러준 선생님. 나에게 큰 감동을 주었다. 이 찬미를 부를 때마다 지금도 이송림 선생님이 생각난다.

난 아이들이 보고 싶으면 성경에서 이사야 49장 15절 말씀을 읽어 내려갔다.

"여인이 어찌 그 젖 먹는 자식을 잊겠으며 자기 태에서 난 아들을 긍휼히 여기지 않겠느냐. 그들은 혹시 잊을지라도 나는 너를 잊지 아니할 것이라."

인간은 혹시 잊을지라도, 하나님은 절대로 잊지 않으신다는 말씀이 얼마나 힘이 되는 말씀인가! 또 이사야 41장 10절 말씀도 내게 큰 힘이 되어 자주 읽곤 했다.

"두려워하지 말라 내가 너와 함께 함이라. 놀라지 말라 나는 네 하나님이 됨이라. 내가 너를 굳세게 하리라 참으로 너를 도와주리라. 참으로 나의 의로운 오른손으로 너를 붙들리라."

두 성경 구절은 내가 극복할 수 있도록 가장 큰 힘을 주었다.

첫 가을을 맞이해 퇴근길에 떨어져 있는 낙엽을 주우면서, '이 낙엽을 몇 번 주우면 우리 아이들과 같이 지내게 될까?' 생각했다. 아이들과 떨어져 있었기 때문에 주말마다 왕복 10시간 열차를 타고 다녔는데, 3년째 되는 1998년도에는 더는 버틸 수가 없었다. 그해 여름, 재림연수원에 가게 되었는데, 전국 삼육교사들이 모인 자리에서 선포했다. 내년에 발령이 나지 않으면 사표를 내겠다고 선언을 한 것이다. 이 선언은 하나님께 드리는 간절한 나의 기도였다. 그 후 정말로 하나님께서는 나의 기도를 들어주셨고, 다시 아이들이 있는 곳으로 와서 근무하게 되었다. 이사야 43장 1절에 이런 말씀이 있다.

"야곱아 너를 창조하신 여호와께서 지금 말씀하시느니라. 이스라엘아 너를 지으신 이가 말씀하시느니라. 너는 두려워하지 말라 내가 너를 구속했고, 내가 너를 지명해 불렀나니 너는 내 것이라."

이렇게 고향으로 와서 10년 근무를 하고 다시 경기도 서울삼육고등학교로 발령이 났다. 물론 나 혼자 가게 되었다. 10년이 지나 아이는 16살이 되었는데도 경상도에서 아이와 떨어져 있을 때와 똑같은 마음이 또 생기기 시작했다. 아이가 그렇게 컸는데도 왜 그때의 아픔이 또 되살아날까? 중3이나 되었는데도 세 살배기 아이를 떼어놓은 것처럼 또 그렇게 지내게 되었다. 새벽에 눈 뜨면 또 무릎 꿇고 기도하기 시작했다. 이렇게 날마다 자동으로 무릎이 꿇어졌다. 간절한 내 기도 덕분에 경기도에서 2년 근무하고 다시 충청도로 돌아왔다. 아들이 고2 올라갈 때, 내가 발령을 받고 내려왔으니, 고3까지 2년 동안 함께 생활하고 아들은 대학에 입학했다. 이렇게 내 인생에서 힘들 때마다 성경 말씀을 보면서 기도로 극복해냈다. 히브리서 4장 12절에 이런 말씀이 있다.

"하나님의 말씀은 살았고 운동력이 있어 좌우에 날 선 어떤 검보다도 예리해 혼과 영과 및 관절과 골수를 찔러 쪼개기까지 하며 또 마음의 생각과 뜻을 감찰하나니."

하나님의 말씀은 놀라운 치유의 능력이 있다. 육체의 고통뿐만 아니라 마음의 고통도 치유해주신다. 하나님의 말씀은 살았고, 운동력이 있기 때문이다. 찰스 스펄전이 이렇게 말했다.

"위대한 신앙은 큰 시련을 거쳐 만들어진다."

나 또한 아이들과 떨어져 지내면서 더욱 기도하게 되었고, 이때 신앙심도 깊어졌다. '이 땅의 모든 어머니가 자식을 향한 마음이 나와 똑같겠구나!' 생각하면서, 교실에 앉아 있는 한 명 한 명을 더욱 사랑으로 지도했다. 이 학생들은 모두 귀한 집 자식들이요, 손자들이다. 그래서 어떤 여학생은 딸 같았으며, 어떤 남학생은 아들 같았다. 학생들도 나의 마음을 읽었는지, 몇 학생은 나를 엄마라고 불렀고 몇 학생은 천사라고 불렀다.

2장.

산다는 것은
훌륭한 인생 교과서를
만드는 것

01

영혼은 사랑으로
성장한다

*

만일 당신이 당신의 가슴 속에서 다른 사람을 도와주고자 하는 마음을
발견할 수 있다면 당신은 인생에서 성공한 것이다.

- 마야 안젤루 -

*

2015년 12월 6일 일요일, 김장하기 위해서 친정 부모님 댁에 세 자매가 모였다. 가까이 사는 언니와 나, 그리고 멀리 경기도 성남에 사는 여동생이다. 배추 절이는 것은 부모님이 하셨고, 배춧속에 넣을 재료는 언니가 하루 전에 와서 다 준비했다. 난 머리에 스키 탈 때 썼던 빨간 모자를 쓰고 절인 배추를 헹구기 시작했다. 헹군 배추는 물이 빠지도록 기울여 쌓아 놓았다. 엄마와 언니, 그리고 여동생은 양념으로 배추를 버무리기 시작했다. 여자 넷이 하니, 빠르게 진행되었다. 난 배추를 헹구면서도 혼자 사시는 외삼촌 생각이 자꾸 났다. '가봐야 하는데, 어떻게 계시나?' 내 머릿속은 온통 외삼촌 생

각뿐이었다. 지난밤 외삼촌 꿈을 꾸었기 때문이다. 꿈에 외삼촌이 친정집에 오셨는데, 어머니가 외삼촌을 부르셨다.

"재천아! 밭 갈아라."

외삼촌은 어머니 목소리를 충분히 들을 수 있는 거리인 안마당 끝에 서 계셨다. 그런데 아무 대답도 없이 뒷산 가는 길로 걸어 나가셨다. '왜 대답하지 않으셨을까?' 이 꿈이 마음에 걸렸다. 그런데 김장한다고 여동생까지 내려왔으니, 김장을 해야 했다. 김장을 마치고 찾아뵈었어야 했는데, 힘들다고 그냥 집으로 가서 쉬었다. 월요일에라도 찾아뵈었어야 했는데, 다른 일이 있어 찾아뵙지 못했다. '1주일만 더 참자, 매주 찾아뵙기는 힘들어.' 이렇게 합리화하며 1주일을 보냈다.

그날은 일요일에 친정집에 들렀다가 외삼촌 뵈러 간다고 하니, 어머니가 "차 있으니, 너 갈 때 나도 같이 다녀와야겠다"고 하셨다. 어머니와 같이 자동차로 30분 거리인 외삼촌 댁을 방문했다. 내가 먼저 대문에 들어섰다. "외삼촌!" 하고 불렀지만, 대답이 없으셨다. 전 같으면 무슨 말씀이라도 하셨다. "뭐 하러 와, 집에서 쉬지. 내가 잘 해 먹고 있어. 걱정하지 마" 하시면서 방문을 여셨다. 그런데 오늘은 아무 대답이 없는 것이다. 난 급하게 마루 위로 뛰어올라 방문을 열었다. 그런데 외삼촌은 주무시는 것이 아니었다. 난 놀라서 어머니를 불렀다. 어머니가 방으로 들어오시더니, 죽은 동생을 붙잡고 통곡하셨다. 이름을 부르면서 통곡하셨다. 이름을 아무리 불러도 외삼촌은 대답이 없으셨다. 꼼짝하지 않고 누워만 계셨다. 누님이 온 것을 알지 못했다.

나 혼자 외삼촌을 종종 찾아뵈었었다. 내가 외삼촌 댁에 다녀온다고 말씀드려도 어머니는 거동이 불편하셔서 선뜻 나서지를 않으셨다. 그러나 그날은 어머니도 가신다고 확고하게 말씀하셨고, 나 또한 어머니하고 같이 가고 싶었다. 그런데, 그날 어머니는 죽은 동생을 보셔야 했다.

정신을 차리고 112로 신고했다. 경찰이 도착했고, 과학수사대원들도 뒤따라왔다. 그런데 신고한 나를 조사하기 시작했다. '요즘 세상이 매우 험하니까 그럴 수도 있겠다'는 생각은 들었다. 울음을 삼키며 조사에 응했다. 조사가 길지는 않았다. 그렇게 외삼촌은 산으로 가셨고, 어머니는 동생 잃은 아픔을 안고 사셔야 했다. 어머니가 놀라서 통곡하시는 모습이 지금도 눈에 선하다.

외삼촌의 죽음에 대해 궁금해지기 시작했다. 돌아가신 모습만 보았기에 어떻게 돌아가셨는지가 매우 궁금했다. 병사로 이미 처리되었지만, 그래도 보령경찰서로 찾아갔다. 혹시 타살의 흔적은 없냐고 질문했다. 경찰관이 나를 안정시키더니, 타살의 흔적이 있다면 대개 입안과 목에 있는데, 전혀 발견되지 않았다고 했다. 지병으로 돌아가셨을 것이라고 했다. 그렇게 외삼촌의 삶은 마감되었다.

올해가 외삼촌이 돌아가신 지 5년째 되는 해다. 꿈속에서 어머니가 부른 '재천'이라는 이름에 대해 그동안 깊이 생각한 적이 없었다. 그런데 지금 이 글을 쓰면서 왜 외삼촌 이름이 아닌 '재천'이라고 어머니가 불렀는지 깨닫게 되었다. 내가 꿈꾸던 날에 외삼촌이 돌아가신 것이다. 즉 김장하던 전날이나 김장하던 날에 돌아가신 것이다. '인명지재천(人命之在天)', 사람의 목숨은 하늘에 있다. 즉 사람이 오래 살고 일찍 죽음이 다 하늘에 달려 있다는 뜻이다. 그런데 인간은 우둔한지라 꿈으로 보여줘도 깨닫지 못한다.

외삼촌은 결혼도 하지 않고 혼자 사신 분이다. 화장도 하지 않고 곱게 머리 땋은 다소곳한 여자를 찾다가 그만 늙으셨다. 글을 쓰신다고 오랫동안 펜을 들었는데, 정치를 비판하는 글을 써서 조사받은 적도 있다. 그리고 써놓은 글을 모두 압수당했다. 그 이후에도 계속 글을 쓰셨는데, 봉사활동을 하는 분들이 집에 와서 써놓은 글을 살펴보지도 않고 모두 쓰레기로 처리하기도 했다. 외삼촌의 꿈은 책을 펴내는 것이었다.

외삼촌을 찾아뵈면 "내가 알아서 해 먹는데, 여기까지 신경 쓸 필요 없어" 하셨다. 그런데 사시는 모습을 보면 찾아뵙지 않을 수가 없었다. TV도 없어 내가 사서 케이블 TV를 설치해드렸다. 불도 때지 않은 추운 방에서 지내셔서 온수 매트를 사드렸다. 세탁기가 있긴 한데 고장이 나서 사드렸다. 냉장고는 면사무소에서 사왔다. 전자제품은 어느 정도 갖추었는데, 늘 부족한 것 투성이었다. 술을 드셔서 술병이 방에 가득했다. 설거지를 제대로 하지 않아 어떤 솥에는 곰팡이가 피어 있었다. 그래서 1주일 만에 찾아뵈면 청소, 빨래, 식사 준비까지 꼬박 3시간 걸렸다. 이렇게 매주 찾아뵈려고 노력했는데, 돌아가신 후에야 찾아뵈어 지금도 가슴이 쓰리고 아프다. 어머니는 자주 이런 말씀을 하셨다.

"요즘, 자식도 부모를 찾지 않는데, 조카가 그렇게 잘하니, 너 같은 사람 조선에 없다."

언니도 어머니와 똑같은 말을 했다. 하지만 난 외삼촌 댁에 방문했다가 돌아오려면 발길이 떨어지지 않았다. 부족한 것을 이것저것 해드린다 해도 늘 채워지지 않았기 때문이다.

사람은 사랑을 주기 위해 태어난 존재들이다. 하나님이 인간을 창조할 때 사랑을 주면서 살 수 있도록 만드셨다. 다른 사람이 나를 얼마나 사랑해주느냐에 따라 행복하고 행복하지 않은가가 아니다. 우리의 행복은 얼마나 남에게 사랑을 주느냐에 달려 있다. 그러므로 인간은 다른 사람에게 사랑을 주지 않으면 고통이 찾아오게 되어 있다. 사람은 사랑을 줄 때 진정 기쁨이 있고 행복해진다. 그리고 더욱 건강해지고 강해진다. 칼 메닝거 박사는 이런 말을 했다.

"사랑은 사람들을 치료해준다. 사랑을 주는 사람과 받는 사람 모두를."

마틴 루터 킹은 이렇게 말했다.

"누구나 위대한 사람이 될 수 있다. 왜냐하면, 누구나 남에게 필요한 존재가 될 수 있기 때문이다. 대학에 가고 학위를 따야만 남에게 필요한 존재가 되는 건 아니다. 학식이 있고 머리가 좋아야만 그렇게 할 수 있는 것도 아니다. 사랑할 줄 아는 가슴만 있으면 된다. 영혼은 사랑으로 성장하는 것이니까. 그리고 이것은 진실이니까."

그렇다. 우리는 사랑할 줄 아는 가슴만 있으면, 이 땅에서 건강하게 살아갈 수 있다. 영혼은 사랑으로 성장하는 것이니까.

02

난 엄마처럼
살지 않겠다

엄마는 밭일을 너무 많이 하셔서 허리가 굽으셨다. 허리를 펼 새도 없이 일만 하셨으니 허리가 굽을 수밖에 없다. 일 좀 그만 하시라고 말씀드리면 "허허, 괜찮다. 일해야 건강하단다. 내 걱정은 말고 아이들 잘 보살펴라. 애들 잘 보살피는 것이 최고다. 밤에 잘 잔다고 해서 내버려두지 말고, 바깥에서 잘 논다고 놀게만 내버려두지 말고, 자주 내다보아라" 하셨다. 늘 자식이 첫째라고 가르치셨던 엄마! 엄마 인생을 오직 자식들에게 걸었다. 그래서 지금은 곱사등이 되어버린 엄마, 엄마를 뵙고 집에 돌아오면 이불에 얼굴을 묻고 많이도 울었다. 그런데 이제는 엄마가 일하지 못하신다. 그동안 일하시느라 힘을 너무나 쏟았다. 50여 년을 허리 굽혀 일만 하셨다. 자식들을 위해 허리가 굽는 줄도 모르셨다.

다음은 《마음을 열어주는 101가지 이야기2》에 실린 캐들린 콜린슨 박사가 제공한 〈빨간 드레스〉라는 작자 미상의 글이다.

위독하다는 전화를 받고 집으로 달려가 엄마를 보았을 때 난 엄마가 얼마 못 사시리라는 걸 알았다. 옷장에서 드레스를 보고 말했다.

"엄마, 정말 예쁜 옷이군요. 엄마가 이 옷을 입으신 걸 한 번도 못 봤어요."

엄마가 말씀하셨다.

"난 그 옷을 한 번도 입은 적이 없단다. 이리 와서 앉아라. 세상을 떠나기 전에 할 수만 있다면 너에게 한두 가지 교훈을 들려주고 싶구나."

나는 엄마의 침대 곁으로 가서 앉았다. 엄마는 깊이 숨을 들이쉬고 나서 말씀하셨다.

"이제 난 머지않아 세상을 떠날 거다. 그래서 어떤 사실들을 보다 분명히 볼 수 있지. 난 너에게 좋은 걸 가르치려고 했었다. 하지만 난 너에게 나쁜 걸 가르쳤어."

"그게 무슨 말씀이세요? 엄마!"

"난 늘 생각했다. 좋은 여자는 자기 차례를 내세우지 않는다고.

언제나 다른 사람을 위해 자신을 희생한다고. 언제나 다른 사람이 필요로 하는 걸 먼저 하고 자신에 대해선 맨 나중에 생각해야 한다고. 그러다 보면 언젠가는 자신의 차례가 오겠지 하고 나는 생각했었다. 하지만 그런 때는 결코 오지 않았어. 내 인생은 언제나 그런 식이었다. 네 아버지를 위해 일하고 네 오빠들과 언니들, 그리고 널 위해 일했지."

"엄마는 정말 엄마가 할 수 있는 모든 걸 하셨어요."

"그것은 좋은 일이 아니었다. 너희를 위해서도, 네 아버지를 위해서도. 그걸 모르겠니? 난 가장 나쁜 짓을 했단다. 내 자신을 위해서 난 아무것도 요구하지 않았어. 저쪽 방에 계시는 네 아버지는 지금 걱정이 돼서 벽을 바라보고 앉아 계신다. 의사가 아버지에게 소식을 말했을 때 네 아버지는 슬픈 표정으로 내게 다가와 떨면서 말했지. '죽으면 안 돼, 여보. 내 말 들려? 당신이 죽으면 우린 어떡하라구!'

'우린 어떡하라구?' 내가 떠나면 물론 힘들겠지. 네 아버지는 너도 알다시피 프라이팬 하나도 찾지 못할 거야. 그리고 너희… 난 어딜 가나 너희들 모두를 위해 무료봉사를 했다. 난 가장 먼저 일어나고 가장 늦게 잠자리에 들었지. 일주일에 칠 일 동안, 하루도 빠짐없이 밥을 해야 했어. 그러면서도 난 가장 적게 먹었다. 난 이제 네 오빠들이 자신의 아내들을 어떻게 대하는지를 본다. 그걸 보면 속이 뒤집힌다. 왜냐하면 그들에게 그것을 가르친 건 나였고 그들은 그것을 배웠으니까. 그들은 여자란 봉사할 때를 제외하고는 존재하지도 않는다고 배웠으니까. 내가 저축한 돈은 한 푼도 남김없이 너희들의 옷과 책을 사는 데 들어갔다. 그것들은 꼭 필요한 것들도 아니었어. 난 자신을 위해 뭔가 아름다운 것을 사려고 시내에 쇼핑을 나간 적도 없다. 단 한 번, 작년에 저 빨간 드레스를 산 것을 제외하고는. 난 그것이 20달러라는 걸 알았지.

그것은 특별히 내 자신을 위해 주문한 것도 아니었어. 난 세탁소에 돈을 내러 가는 중이었지. 어쨌든 난 이 큰 상자를 들고 집으로 돌아왔다. 그때 네 아버지가 말했지. '당신 그런 옷을 어디에 입고 가려고 그래? 오페라라도 보러 갈 거야?' 네 아버지 말이 맞았다. 난 그 옷을 옷가게에서 한 번 입어본 것 말고는 한 번도 입을 기회가 없었어.

난 언제나 생각했었다. 이 세상에서 내가 내 자신을 위해 아무것도 욕심내지 않으면 저세상에서 그 모든 것이 나에게 돌아온다고. 하지만 난 그것을 더 이상 믿지 않아. 난 생각한다. 신께서는 우리가 지금 여기에서 모든 걸 갖기를 바라신다고.

너에게 말하고 싶다. 만일 어떤 기적이 일어나 이 병상에서 내가 일어나게 된다면 넌 완전히 다른 엄마를 보게 될 거다. 왜냐하면, 난 달라질 테니까. 아, 나는 내 차례를 주장해야 하는지도 거의 잊었어. 하지만 나 배울 테다, 난 배울 거야."

엄마가 임종의 자리에 누워 계시는 동안 엄마의 빨간 드레스는 옷장 속에서 엄마가 평생 동안 입은 낡은 옷들 사이에 깊이 베인 상처처럼 걸려 있었다. 엄마가 나에게 남긴 마지막 말들은 이러했다.

"내게 약속해다오. 넌 엄마의 뒤를 밟지 않겠다고. 그것을 약속해다오."

난 약속했다. 엄마는 숨을 한번 들이쉰 다음 자신의 차례를 택해 세상을 떠나셨다.

팜 핑거도 엄마처럼 되어야 할 이유가 없다고 말한다. 꼭 엄마처럼 되기를 원한다면 모르지만, 엄마의 엄마처럼 되어야 할 필요도 없다고 한다. 또는 엄마의 엄마의 엄마나 아버지 쪽의 할머니의 엄마처럼도 될 이유가 없다고 말한다. 그들의 턱뼈나 엉덩이나 눈의 생김새를 물려받을 수는 있어도, 먼저 살았던 그 여인들처럼 되어야 하는 것은 아니라고. 따라서 그들로부터 어떤 것을 물려받기를 원한다면, 그들의 강인함과 생명력을 물려받으라고 했다. 왜냐하면, 자신이 원하는 사람이 되어야 하기 때문이다.

우리 엄마도 언젠가는 엄마의 차례를 택해 세상을 떠나실 것이다. 엄마가 피아노를 배우고 싶다고 70대까지는 말씀하셨는데, 80대가 되니 완전히 포기하시는 것을 보았다. 엄마의 삶을 지켜보면서 난 엄마처럼 살지 않겠다고 다짐했다.

시련이 나를
'시인'으로 만들다

*

시련은 평소에 잠들고 있던
재능을 깨운다.

- 호레이스 -

*

1996년에 충남 홍성군에 있는 서해삼육중·고등학교에서 경북
경산시에 있는 영남삼육고등학교로 발령이 났다. 임지로 아이들을
데리고 가느냐, 혼자 가느냐가 문제였다. 가족과 상의한 결과, 혼
자 가기로 했다. 아이들을 데리고 간다고 해도 다른 사람의 손을 빌
려야 한다. 할머니와 할아버지가 계신 곳이 훨씬 낫겠다는 결론을
내렸다. 이삿짐을 트럭에 싣고 수학여행으로나 갔던 경상도로 인생
의 모험을 위해 출발했다.

아이들과 같이 지내다가 홀로 떨어져 있으니, 말로 다 표현할
수 없을 정도로 고통스러웠다. 견디기 힘들 것이라고 예상은 했지

만, 고통은 예상 그 이상이었다. 난 아이 떼놓은 엄마다 보니, 눈물로 하루하루를 보내게 되었다. 어느 날, 눈물이 마를 때도 되었다는 생각이 들었다. 그런데 그칠 줄 모르는 눈물이 한없이 흘러내려 이 동시를 짓게 되었다.

가장 깊은 샘

이 세상에 가장 깊은 샘은
어디 있을까?

건넌 마을 버드나무 아래
그 까마득한 우물 샘일까?

지구 저편
온 마을 사람 다 먹인다는
그 공동 샘일까?

아냐,
젖먹이 내 동생 보고 싶어
눈물짓는 우리 엄마 눈물샘이야.

어느 날, 아이들이 보고 싶어 울고 또 울다가, 어머니 생각이 났다. 어머니 또한 딸인 나를 얼마나 보고 싶어 하실까! 그날 밤, 어머니 사진을 붙들고 울다가 새벽에야 잠이 들었다. 꿈속에서 어머니를 몇 번이나 불렀다. 어머니도 우리가 어렸을 때, 어머니를 보고 싶어 하셨다. 그런데 우리 5남매 키우느라, 부고를 받고서야 돌아가신 어머니를 보러 가셨다.

어머니

내 어머니의 이름은 어머니이다
내 어머니의 어머니의 이름도 어머니이다
내 친구의 어머니의 이름은 어머니이다
내 친구의 어머니의 어머니의 이름도 어머니이다
지금 내 이름도 어머니이다.

어린 시절 학교에서 돌아오면
대문에 들어서며 늘 불렀던 이름
인사 대신 부르던 그 이름
어머니의 목소리를 들으려고
동구 밖을 달리며 부르던 그 이름
어머니의 목소리로, 웃음꽃이 피었고

나의 하늘에선 파랑새가 날았다.
날 이 땅에 우뚝 서게 하신 어머니

며칠 전 꿈속에선 어머니를 몇 번이나 불렀다.

그 옛날 어머니는
어머니를 뵙고 싶어 잠꼬대하셨어도
어린 자식 끼니 걱정에 그만
눈 감으신 어머니만 보고 오신 어머니
나 오늘 어머니를 닮아가고 있는가?

어머니!
어머니로 하여 내가 있고
어머니로 하여 내가 사는 것임을
이제는 조금 아는 나이가 되었다.

학교에서 바쁘게 일하다보면, 계절이 지나는 줄도 모를 때가 있
다. 어느 날, 학교 운동장 가에 서 있는 붉게 물든 단풍나무를 발견
하고 난 깜짝 놀랐다. 어쩜 저렇게 붉게 물들었을까! 붉은 단풍잎이
단풍나무 아래 흙까지 물들일 것만 같았다.

단풍

연둣빛으로 태어나 연둣빛으로
살아갈 줄 알았습니다
초록빛으로 자라나 초록빛으로
살아갈 줄 알았습니다

어느 날, 당신이 다가와
스치는 바람인 줄 알았습니다
한바탕 쏟아지는 소나기인 줄 알았습니다
가슴 깊이 묻어두면 되는 줄 알았습니다

그러나, 당신이 지나간 자리에
당신이 머문 자리에
곱게 물들기 시작했습니다
붉게 물들기 시작했습니다

이젠 온 잎에
아니 뿌리까지
붉게 물들었습니다.

혼자 견디기 힘들 때 시가 써졌다. 이렇게 시련이 나를 시인으로 만들었다. 시를 쓰는 사람이 바로 시인이니까. 이렇게 시작한 시 쓰기가 2008년 《아동문학평론》에 동시인으로 등단하는 데 도움이 되었다.

영국 최고의 시인 존 밀턴은 시각장애인으로 《실락원》이라는 장편 서사시를 썼다. 영국 작가 존 번연은 종교재판을 받고 감옥에 갇혀 있을 때 《천로역정》이라는 세계적인 작품을 썼다. 미국 작가 오 헨리도 미국 오하이오주에 있는 감옥에서 《마지막 잎새》라는 유명한 작품을 남기면서 자신에게 잠재된 천재적인 재능을 깨달았다. 찰스 디킨스는 상표를 붙이는 평범한 기능공이었으나, 쓰라린 실연으로 세계적인 작가가 되었다. 베토벤은 귀가 들리지 않는 상태에서 명곡들을 남겼다. 견디기 어려운 시련을 겪지 않고는 위대한 작품을 남길 수 없다. 시련이 평소에 잠들고 있던 재능을 깨우고, 위대한 인물을 탄생시킨다.

최고의 인생은
격한 시련으로 탄생한다

*

시련이 없다는 것은
축복받은 적이 없다는 것이다.

- 에드거 앨런 포 -

*

인생은 산과 길로 표현할 수 있다. 어떤 사람은 높고 험난한 산을 잘 올라가는가 하면, 어떤 사람은 작은 산이어도 오르기 힘들어한다. 어떤 사람은 진흙탕의 길인데도 잘 견디며 걸어가는가 하면, 어떤 사람은 시원하게 뚫린 아스팔트길인데도 걷기 힘들어한다. 당신은 지금 어떤 산에 오르고 있는가? 지금 어떤 길을 걷고 있는가?

누구나 살아가면서 한 번쯤은 자신이 걸어온 삶을 되돌아보게 된다. 어떤 사람은 한 해 두 해 보내면서 세월의 무상함 앞에서 자신의 인생을 돌아본다. 어떤 사람은 병상에서 자신의 삶을 돌아보기도 한다. 그리고 어떤 사람은 나처럼 책을 쓰면서 삶을 돌아보게 된다.

내가 걸어온 삶을 돌아보니, 후회되는 일들이 많다. 아쉬운 것들도 많다. 만나지 말아야 할 사람도 만났다. 만나서 행복했던 사람도 많다. 그리고 때로는 아파했으며, 견디기 힘들었던 때도 있었다. 그런데 지금 생각해보면 그 당시에는 힘들었어도, 그 모든 것들을 극복해냈기에 현재의 내가 있다. 그리고 나의 삶에서 많은 성장을 가져다주었고, 삶의 지혜도 얻었다.

"현재와 미래는 어떻게든 연결되어 있다."

스티브 잡스의 말이다. 누구나 시련이 없는 사람은 없다. 살다보면 피하고 싶지만, 시련을 만나게 된다. 그 시련의 크고 작음의 차이는 있어도, 연약한 인간은 시련을 피하지 못한다. 그런데 어떤 사람은 시련을 시련으로 여기지 않는다. 인생의 걸림돌이 아니라 인생의 징검다리로 보는 것이다. 그렇다면 시련의 기준은 무엇인가? 무엇을 시련이라 하고 시련이 아니라고 하는가? 그것은 시련 앞에 서 있는 사람의 마음가짐에 따라 다르다. 어떤 사람은 작은 일도 시련으로 볼 수 있기 때문이다. 어떤 사람은 큰 시련을 겪고도 '이게 바로 인생이야' 하고 받아넘기는 사람도 있기 때문이다. 어떤 사람은 시련 앞에 잠시 맞서다가, 그만 고귀한 삶을 내던지기도 한다. 어떤 사람은 격한 시련을 극복하고 당당하게 일어서기도 한다. 이렇게 당당하게 일어선 사람은 많은 사람에게 희망의 메신저가 된다.

격한 시련을 이겨낸 사람을 손꼽으라고 한다면 누가 떠오르는가? 난 '오프라 윈프리'를 꼽겠다. 오프라 윈프리가 얼마나 큰 시련을 겪었기에 사람들 사이에서 널리 회자되고 있을까? 나는 오프라 윈프리의 독사진을 오랫동안 서서 바라본 적이 있다. 당당하게 웃으며 찍은 그녀의 사진을 보며 하마터면 내가 손뼉을 칠 뻔했다. 그 당당한 모습이 얼마나 멋지던지, 주변에 보는 이가 없었다면 소리를 내 큰 박수를 보냈을 것이다. 그 많은 시련을 딛고 일어섰기에 진정으로 멋이 느껴졌다.

오프라 윈프리는 1954년에 미시시피주 한 시골에서 사생아로 태어났다. 감자 포대로 옷을 만들어 입어야 할 만큼 가난한 할머니 밑에서 어린 시절을 보냈다고 한다. 여섯 살 때, 할머니의 건강이 악화해 위스콘신주 밀워키에서 사는 엄마에게 보내졌는데, 엄마가 청소부로 일하러 나가 집을 비운 사이, 아홉 살 된 오프라는 사촌 오빠, 친척, 엄마의 지인에게까지 성적인 학대를 당했다고 한다. 그녀는 이 끔찍한 일을 엄마에게 털어놓지 못했다. 결국은 상처받은 마음을 견디지 못해 삐뚤어지기 시작했다. 학교에 가지 않고, 여러 남자를 만났던 것이다. 그리고 돈을 훔치기도 했다. 결국, 엄마는 세 자녀를 홀로 키우며 비뚤어 나가는 딸까지 감당하기 힘들었다고 한다. 그래서 친부가 사는 테네시주의 내슈빌로 오프라를 보냈다. 이때 오프라의 나이는 열네 살로 임신한 상태였다고 한다. 임신 7개월이 될 때까지 부모에게 이 사실을 숨겼다. 결국, 조산해 아기는 한 달을 넘기지 못하고 세상을 떠났다고 한다.

오프라의 친부는 딸이 새로운 삶을 살 수 있도록 교육에 힘쓰기 시작했다. 그녀는 학교로 돌아가 학업을 계속했고, 삶의 목표도 설계했다. 오프라 인생의 터닝포인트가 찾아온 것은 열여섯 살 때다. 당시 고등학생이었던 그녀는 《새장에 갇힌 새가 왜 노래하는지 나는 아네》를 읽고, 이 책을 통해 자신의 존재를 깨닫고 큰 위로를 받았다고 한다. 미국 문학 사상 최고의 자서전이라고 평가받는 이 책은 인종차별, 가난, 성적 학대를 극복해 저널리스트와 작가로 성공한 마야 안젤루의 작품이다.

이때부터 오프라는 다시 학업에 집중하며, 방과 후 활동으로 지역 라디오 방송국에서도 일을 시작했다고 한다. 또한, 연설대회에서 수상도 해 테네시주에 있는 4년제 대학에 다닐 수 있는 장학금도 받았다. 당당하게 장학금을 받아 대학에 입학했지만, 오프라는 곧장 방송국에 입사한다. 볼티모어의 WIZ-TV에서 공동 앵커 자리를 제안 받기도 한다. 하지만, 오프라는 'TV에 맞지 않는 인물이라는 평을 받으며 해고당한다. 그러나 위기를 기회로 삼는 것이 오프라의 가장 큰 장점이다. 토크쇼 진행자 자리로 좌천당했지만, 당시 맡은 프로그램을 시청률 바닥에서 1위로 성공시키며 방송계에서 그녀의 존재를 증명했다. 1986년, 드디어 자신의 이름을 건 〈오프라 윈프리 쇼〉를 진행하게 되었다.

2011년 고별 방송을 진행하기 전까지 25년 동안, 약 5,000여 회가 방영된 〈오프라 윈프리 쇼〉는 전 세계 140여 개국에서 수천만 명의 사람들을 열광하게 만들었다. 20년 넘게 낮 시간대 TV 토크쇼 시청률 1위를 고수한 역사적인 프로그램이라고 한다. 자신의 쇼에 출연했던 수많은 출연자와 시청자들로부터 공감을 사며 '오프라피케이션', '오프라리 제이슨', '오프라히즘' 등과 같은 신조어까지 만들어냈다. 특히 '오프라히즘'은 '인생의 성공은 타인이 아닌 자신에게 달렸다'라는 뜻으로 그녀의 성공 신화와 일맥상통하는 말이다. "누군가는 이렇게 말한다. 시간이 모든 것을 해결해준다고. 그러나 실제로 모든 것을 변화시켜야 하는 것은 바로 당신이다"라는 팝아티스트 앤디 워홀의 말도 비슷한 맥락일 것이다.

'미국 최고의 방송인', '가장 부유한 아프리카계 미국인', '세계에서 가장 영향력 있는 셀러브리티' 등 온갖 수식어가 부족할 만큼 영향력 있는 방송인이자 프로듀서, 기업인으로 거듭난 오프라 윈프리의 화려한 성공 뒤에는 굴곡진 성장 과정을 이겨낸 의지와 노력이 있었다. 오프라 윈프리는 이렇게 말했다.

"Turn your wounds into wisdom(상처를 지혜의 초석으로 삼아라)."

미국 LA에서 열린 제75회 골든 글로브 어워드에서 미국의 방송인이자 세계에서 가장 영향력 있는 여성, 오프라 윈프리가 흑인 여성 최초로 공로상에 해당하는 '세실 B. 데밀상'을 수상했다. 현장에 있던 모든 배우와 감독, 관계자들의 기립 박수를 받으며 오프라 윈프리는 무대에 올랐다고 한다. 그녀의 이름 앞에 화려한 수식어가 붙기 전, 그녀는 최악의 환경에서 자란 어린 소녀에 불과했다. 오프라 윈프리가 겪은 시련보다 더한 시련이 있을까?

'개똥밭에 굴러도 저승보다 이승이 낫다'라는 말이 있다. 그러므로 무조건 살아야 한다. 살아 있다는 것은 축복이다. 오늘은 죽어가는 이가 그렇게 살고 싶어 했던 내일이 아닌가!

경기도에서 근무할 때다. 한 남학생이 공부를 전혀 하지 않아 물어보았다.

"너는 왜 공부하지 않니? 무슨 일 있어?"

"선생님! 엄마가 자살만 하지 말라고 했어요. 공부 안 해도 돼요."

이 말을 듣고, 난 깜짝 놀랐다. 그런데 곧 이해가 되었다. 스스로 목숨을 끊는 사람들이 너무도 많으니까 하신 말씀으로, 오프라 윈프리보다 더 격한 시련을 만나더라도 무조건 살아야 한다. 시련은 인생에서 아름다운 향기를 내기 위한 과정이니 말이다. 시련과 고통의 경험을 통해서 최고의 인생이 탄생된다.

"세상의 주목받는 인물들은 성공하기 전에 반드시 큰 장애물에 부딪혔음을 역사가 증명해준다. 그들은 거듭되는 실패에도 용기를 잃지 않았기 때문에 승리자가 될 수 있었다."

B.C. 포브스의 말처럼 성공은 실패 뒤에 숨어 있다. 무엇이 부족해 실패했는지 잘 살펴야 한다. 오늘 살아 있다는 것은 축복받은 것이다. 오늘의 고통이 내일 최고의 인생을 탄생시킬 수 있으니 조금만 더 견뎌내자.

비바람이 거셀수록 꽃은 향기롭다

*

도전은 인간을 흥미롭게 만들며
도전의 극복이 인생을 의미 있게 한다.

- 조슈아 J. 마린 -

*

친정집 앞마당에 백합꽃이 무더기로 피어 있었다. 활짝 핀 꽃을 보니 내 마음도 환해졌다. 그윽한 향기는 나를 미혹하기까지 했다. 결국, 돌아오는 길에 세 송이를 꺾어 손에 쥐었다. 꽃병에 백합꽃을 꽂아 놓을 생각이다. 돌아오는 길은 버스를 탔다. 백합꽃을 들고 시내버스 중간 왼쪽 좌석에 앉았다. 턱 밑에서 꽃향기가 내 코로 솔솔 스며들기 시작했다. 향기로운 백합꽃 향기에 난 점점 취해갔다. 목적지에 거의 도착했을 때는 술에 취한 듯 머리가 핑 도는 느낌이었다. 비닐하우스에서 재배한 꽃과는 달랐다. 비바람 속에서 피어난 꽃이기에 백합꽃 향기는 버스 안을 가득 채우고도 남았다.

살다 보면 좋은 일만 있을 수는 없다. 어떤 사람은 사업에 실패하기도 하고, 어떤 사람은 실연당하기도 한다. 어떤 사람은 시험에 떨어지기도 하고, 어떤 사람은 사기를 당하기도 한다. 어떤 사람은 인간관계로 인한 갈등으로 괴로워하기도 한다. 이렇게 사람들은 다양한 시련을 겪으면서 살아가고 있다. 이것이 인생이다. 신영복은 이렇게 말했다.

"나무의 나이테가 우리에게 가르치는 것은 나무는 겨울에도 자란다는 사실이다. 겨울에 자란 부분일수록 여름에 자란 부분보다 훨씬 단단하다는 사실이다."

시련은 그 사람을 단단하게 하고 성장시켜준다. 시련이 닥쳤을 때 축복의 통로인 시련을 이겨내기만 하면, 한층 성장한 자신을 발견하게 될 것이다.

이 땅에서 수많은 시련을 극복하고 전 세계에 영원히 기억될 아름다운 향기를 지닌 사람이 누가 있을까? 생각해보니 헬렌 켈러가 제일 먼저 떠오른다. 그만큼 그녀의 삶은 시련의 연속이었다.

헬렌 켈러는 1880년 6월 27일 미국 앨라배마주 터스컴비아에서 비교적 풍족한 집안에서 태어났다. 그런데 태어난 지 19개월 만에 심한 열병을 앓았고, 그 누구도 헬렌이 살아남을 것이라고 기대하지 않았다고 한다. 의사도 며칠 안에 죽을지도 모른다고 했다. 당시

의사들은 그녀의 병이 뇌척수막염이라고 했다. 어떤 사람은 성홍열이라고 했다. 또 어떤 사람은 풍진이라고도 했다.

며칠 지난 뒤 열병은 가라앉았다. 그런데 햇빛이 유리창을 뚫고 헬렌의 얼굴에 밝게 비추고 있는데도, 헬렌은 눈을 깜빡이지 않았다고 한다. 아프기 전에는 종소리로 식사 시간을 알리면, 하던 것을 멈추고 급히 식탁으로 다가왔었다. 그런데, 열병을 앓은 후부터는 반응이 없었다고 한다. 이렇게 헬렌 켈러는 시각, 청각 그리고 언어 장애까지 삼중의 아픔을 겪으며 살아야 했다.

'헬렌 켈러'에 대한 이야기를 하려면 '앤 설리번' 선생을 언급하지 않을 수 없다. 앤 설리번 선생 역시 헬렌 켈러와 비슷하게 아주 불우한 어린 시절을 보냈다고 한다. 설리번은 10세 이후 남동생과 함께 보육원에서 학대와 고통 속에서 성장했다. 그뿐만 아니라 불결하고 빈약한 환경에서 남동생을 떠나보내야만 했다. 그리고 눈병까지 걸려 실명 직전까지 갔었다. 이런 환경에서 살았던 설리번이 헬렌에게 최고의 교사가 되었던 것이다.

일곱 살 때인 1887년 헬렌 켈러는 앤 설리번을 만나, 사물에 이름이 있다는 것을 깨달았다. 이것을 통해 헬렌에게 새로운 세계가 열렸다고 한다. 그리고 어린 나이에 삼중 장애의 고통으로 난폭하고 거칠기까지 한 헬렌을 잘 이해해주는 스승 설리번 덕분에 지적으로 성장할 수 있었다고 한다. 설리번은 겨우 20세였지만, 헬렌 켈러의 고통을 인내심과 신앙심으로 가르친 훌륭한 교사였다. 그해 7월부터 점자 공부를 시작한 헬렌 켈러는 1890년에는 보스턴의 농아학교 플러 선생님으로부터 발성법을 배워 말도 할 수 있게 되었다.

헬렌 켈러는 1899년에 하버드 부속 래드클리프 대학에 입학했고, 1904년 6월 28일에 졸업했다. 졸업장엔 라틴어로 '쿰 라우데(cum laude)'라고 씌어 있었는데, '우등'이라는 뜻이다. 그때까지 어떤 시각, 청각 장애인도 받아 보지 못한 문학사 학위증이었던 것이다. 그녀의 동급생들은 다음과 같은 시를 지어 졸업 앨범에 실었다고 한다.

그녀의 노고 앞에서 우리의 노력은 빛을 잃었다네
그녀는 실패라는 말을 알지 못한다네
그녀의 승리 앞에서 우리의 승리는 아무것도 아니라네
그녀의 승리는 훨씬 값비싼 대가를 치른 것이라네

헬렌이 졸업하는 모습을 보려고 수많은 사람이 몰려들어 발 디딜 틈이 없었다고 여러 신문에 보도됐다. 그리고 바로 그해 센트 힐 박람회에서 '헬렌 켈러의 날'이 제정되어 헬렌은 처음으로 강연했다. 그 후 전 세계 장애인들을 위한 활동을 펼치게 되었으며, 사람들에게 큰 희망과 복음을 심어 주었다. 그리고 미국 본토가 아닌 해외에서도 강연했으며, 1937년에는 우리나라를 방문했다. 1942년에는 제2차 세계대전의 부상병 구제 운동을 전개하기도 했다. 헬렌은 1952년에는 프랑스의 레지옹도뇌르 훈장을 수상했고, 1964년에는 미국의 최고 훈장인 자유의 메달을 수여받았다. 그뿐만 아니라 풍부하고 섬세한 감수성을 지닌 뛰어난 문필가였다.

헬렌 켈러는 1968년 88세를 일기로 코네티컷주에 있는 자신의 집에서 영원히 잠들었다. 그녀는 역사의 한 페이지에 위대한 인물로 기록되었다. 전 생애를 통해 '패배를 인정하지 않는 한, 누구에게도 패배는 있을 수 없다'라는 말을 실증한 사람이다. 그리고 자신의 운명을 개척한 대표적인 인물이다.

그녀의 자서전 《사흘만 볼 수 있다면 그리고 헬렌 켈러 이야기》에서 자신의 눈이 뜨여 3일간 세상을 볼 수 있게 된다면, 첫째 날은 친구들의 얼굴을 찬찬히 바라보면서, 그들 영혼의 아름다움이 밖으로 어떻게 나타났는지 그 증거들을 찾아내 마음속에 새길 것이라고 했다. 그리고 생명이 있는 것이든 없는 것이든 그녀가 사랑했던 친구들을 꼭 보고 싶다고 했다. 둘째 날에는 예술을 통해서 인간의 정신을 탐색해보고, 셋째 날에는 현재 사람들이 일하는 세계, 사람들이 일 때문에 자주 다니는 곳을 찾아가겠으며, 사람들이 바쁘게 움직이며 살아가는 여러 모습을 보여주는 곳으로 뉴욕만한 데가 없을 것이라고 했다.

헬렌 켈러는 내일 당장 볼 수 없는 사람이 될 것처럼 눈을 사용하라고 말한다. 그리고 다른 감각들을 사용하는 데도 똑같이 그렇게 해보라고 권한다. 내일 들을 수 없는 사람이 될 것처럼 음악 소리와 새의 노랫소리, 그리고 오케스트라의 강렬한 선율에 귀를 기울여보고, 내일 촉각이 모두 마비될 것으로 생각하며 모든 물건을 만져보라고 말이다. 내일부터 다시는 냄새도 맡지 못하고 맛도 못 볼 것처럼 꽃의 향기를 맡아보고, 한 입 한 입 음식을 맛보며, 그렇게 모든 감각을 최대한 활용해보라고 말한다. 자연이 여러 접촉 수단을 통해 가져다주는 이 세계의 모든 즐거움과 아름다움에 영광을 돌리라고도 했다. 그녀는 확신하건대, 모든 감각 가운데 볼 수 있다는 것 이상으로 우리에게 큰 기쁨을 주는 것은 없다고 했다.

헬렌 켈러는 인간 승리의 표본이다. 비참한 운명에 처했지만, 절망하지 않고 수많은 고난을 이겨낸 인물이다. 그래서 인간이 얼마나 위대한지를 보여준 대표적 인물이다. 헬렌은 장애인뿐만 아니라 비장애인에게도 희망과 용기를 주는 상징적인 인물이다. 헬렌 켈러는 볼 수 있는데, 우리는 왜 보지 못하는 것들이 많은가? 사흘만 볼 수 있다면 우리는 무엇을 볼 것인가?

"장벽이 서 있는 것은 가로막기 위함이 아니라, 그것은 우리가 얼마나 간절히 원하는지 보여줄 기회를 주기 위해 거기 서 있는 것이다."

랜드 포시는 《마지막 강의》에서 이렇게 말했다. 그렇다. 장벽은 우리가 성장하는 데 꼭 필요한 과정이다. 우리가 간절히 원하면 어

떠한 장벽이라도 무너뜨릴 수 있다. 장벽 앞에서 주저앉는다면 이
야기는 끝난 것이다.

머뭇거리기에는
인생이 너무 짧다

*
먼저 스스로에게 어떤 존재가 될 것인지를 말하고,
그 후에 스스로 해야 할 일을 하라.

- 에픽테토스 -
*

2020년 1월 1일, 새벽에 눈 뜨자마자 벌떡 일어났다. 내 나이 벌써 60세, 생일이 지나지 않았으니 만 58세이지만 60세를 부인할 수 없다. 정신이 번쩍 들었다. 잠을 확 깨기 위해 커튼을 열어젖혔다. 아직도 밖은 어두컴컴해 밝으려면 더 기다려야 한다. 책상 앞에 앉아 연간 계획을 세우기 시작했다. 새 학년 학교 교육과정 운영계획, 독서 및 운동계획, 피아노 연습, 영어 공부 등 하고 싶은 것들이 많다.

하루를 시작하면, 금방 해가 서산에 걸린다. 아침이 되고 저녁이 되고 또 아침이 돌아온다. 세월이 물 흐르듯 잘도 흘러간다. 광

음사전(光陰似箭. 세월이 쏜 화살처럼 빠르다)이라더니, 시간을 꼭 도둑맞는 느낌이다. 머뭇거리기에는 너무나 짧은 인생이다.

　매일 눈 뜨자마자 신년 초에 세운 계획대로 실천하기 시작했다. 시간이 얼마나 빠른지 계획대로 다 해낼 수가 없다. 누구에게나 공평한 하루 24시간, 시간을 붙잡는 방법은 없을까? 그렇다면 잠을 덜 자는 수밖에 없다. 잠을 줄여 새벽에 일어나기 시작했다. 새벽 3시에 일어나서 책 읽고, 영어 공부도 하고 스트레칭도 했다. 그런데, 이렇게 열심히 해 이루고자 하는 것은 무엇인가? 가만히 있으면 불안하니 이것저것 분주하게 열심히 하고 있었다. 목적지 없는 배를 타고 노를 젓는 기분이었다.

　나의 미래에 대해 궁금해지기 시작했다. '앞으로의 내 삶은 어떻게 전개될 것인가? 어디로 가야 나에게 잘 어울리는 미래가 펼쳐질까? 나다운 진짜 삶이 무엇일까? 내 삶의 끝은 어떻게 마무리될까?' 꼬리에 꼬리를 물고 일어나는 질문은 나를 잠 못 이루게 했다.

　아이들이 어렸을 때는 아이들 키우느라 여념이 없었다. 직장 일에도 온 마음을 다했다. 이제 나를 돌아볼 시간이다. 곧 정년퇴직할 때가 되어 이제 내가 보인다. 지금이라도 하나님께서 나를 주인공으로 살게 하는 그 무엇이 분명히 있을 것이라는 생각이 들었다. 그래서 어느 날, 무릎 꿇고 간절히 기도했다.

　"하나님! 저의 인생에 대해 궁금합니다. 저를 향한 하나님의 계획을 알고 싶습니다. 제 인생을 앞으로 어떻게 펼치실 계획입니까?
저는 이제 제 인생에서 주인공으로 살고 싶습니다."

그 후에도 설거지하면서 기도하고, 운전하면서도 기도했다. 이
렇게 기도한 후 만난 것이 바로 '책 쓰기'다. 난 조금도 망설이지 않
고 책 쓰기가 앞으로 나의 일이라는 것을 직감했다. 책 쓰기는 하
나님께서 주신 선물이라고 생각됐다. 앞으로 나의 삶을 주인공으로
전개할 가치 있는 일이라고 느껴졌다. 이제 내 인생은 작가의 삶이
다. 주변 신경 쓰느라 내 인생을 머뭇거릴 시간이 없다.

인생은 산 넘어 산이라고 한다. 산을 넘으면 또 높은 산이 거기
서 있었다. 그 고비를 넘길 때마다 훗날에 후회 없도록 그 자리에서
최선을 다해 지금까지 살아왔다. 그런데 뒤돌아보니, 지금까지 나
를 진정으로 사랑하지 않고 살았다. 주변 사람들만 살피면서 살았
다. 내 삶에서 주인공은 내가 아니었다. 인생은 한 번뿐인데 말이
다. 이제는 나를 위한 삶에 머뭇거릴 필요가 없다. 내 인생에서 내
가 없는 삶을 지금까지 살아왔으니, 그것으로 충분하다.

당신은 어떤 존재가 되고 싶은가?
당신은 사람들에게 어떻게 기억되기를 바라는가?
당신은 세상이 어떻게 불러주기를 바라는가?

난 '나다운 삶'을 상상해 보았다. 새벽에 눈 뜨면 먼저 기도하고 성경을 본다. 그리고 클래식 음악과 함께 차를 마시며 책을 쓴다. 책 쓰기는 앞으로 내 남은 인생에서 계속 이어질 것이다. 기회가 주어진다면 강연가로, 희망의 메신저로 살아갈 것이다. 마태복음 6장 23절에 이런 말씀이 있다.

"너희는 먼저 그의 나라와 그의 의를 구하라. 그리하면 이 모든 것을 너희에게 더하시리라."

'이 모든 것'은 하나님이 우리를 위해 주시고자 하는 것이며, 우리 또한 이 땅에 살면서 갖고 싶어 하는 것들이다. 이렇게 내가 추구하는 가치와 보람을 위해 살고 싶다. 그리고 그 가치로 인해 보상받고 싶다. 외부의 자극으로부터 나의 신념을 지키며, 나답게 살아가는 것이다. 과거에 이루지 못한 꿈에 대해 아쉬움으로 살아갈 필요가 없다. 영국의 시인 윌리엄 어니스트 헨리가 이렇게 표현했다.

"나야말로 내 운명의 지배자이며 내 영혼의 선장이다."

누구에게나 적용되는 진리의 말이다. 내 삶에서 내가 키를 잡고 있으니, 이제는 나에게 기회를 주어야 한다. 내 삶에서 주인공은 바로 '나'이니, 주변 사람들로 인해 내 인생이 휘둘릴 필요가 없다. 각자의 인생에서 자신만이 자신의 사고를 조절하고 지배할 수 있으니 말이다. 미국의 3대 대통령 코머스 제퍼슨은 이렇게 말했다.

"아무 하는 일 없이 시간을 낭비하지 않겠다고 다짐하라. 우리가
항상 뭔가를 한다면 자신도 놀랄 만큼 수많은 일을 해낼 수 있다."

지금 무엇인가를 시작하라. 하고 싶은 것이 있다면 이제는 미루
지 말고 지금 시작하는 것이다. 하고 싶은 것이 많다고 해 여러 가
지 일을 동시에 실천하면 안 된다. 그러면 시간과 관심을 나눌 수밖
에 없다. 두 가지 일을 동시에 시작하면 시간과 관심이 두 군데로
분산된다. 열 가지 일을 하면 열 군데로 분산된다. 시간과 관심이
분산되면 성공과 거리가 멀어지게 된다. 그래서 한 가지에만 오로
지 관심을 두어야 한다. 한 가지만을 실천하다보면, 자신의 능력이
얼마나 뛰어난지 발견할 수 있다. 그리고 성공에 이르게 된다.

《죽은 시인의 사회》에 나오는 존 키팅 선생은 용기 있는 삶을 살
아온 대표적 인물로, 현직 교사라면 키팅 선생을 롤모델로 정하는
것도 좋겠다는 생각이다. 키팅 선생은 학생들을 학교의 로비로 데
려가 트로피 진열장에 전시된 개교 초기의 졸업생들 사진을 보여주
면서 말했다. 사진 속에 있는 이 젊은이들은 한때 여러분들과 똑같
은 불길을 눈동자 속에 간직하고 있었다고. 폭풍과 같은 힘으로 이
세상을 자기 것으로 만들고, 자신의 인생을 멋진 드라마로 만들겠
다는 야망을 품고 있었다고. 그것이 불과 70년 전의 일로, 이제 그

들은 모두 죽었고, 무덤에는 데이지꽃만 자라고 있다고. 키팅 선생은 학생들 중에 한 명이라도 자신의 인생을 폭풍과 같은 힘으로 이 세상을 자기 것으로 만들기를 간절히 바라는 마음으로 힘주어 말했을 것이다. 존 키팅 선생은 이 부유층 학생들에게 큰소리로 이렇게 외치고 있었다.

"카르페 디엠! 이 순간을 붙잡아라!"

자신의 꿈을 진정으로 실현하고 싶은가? 그렇다면 이 순간을 붙잡길 바란다. 이 순간을 붙잡는 최고의 방법은 독자에서 저자가 되는 것이다. 머뭇거리기에는 인생이 너무 짧다. 난 책을 쓰기 시작하면서 삶이 완전히 바뀌었다. 새벽에 일어나 직장으로 출근하기 전, 약 2시간 동안 책을 쓴다. 책 쓰는 작가로 변신해 가슴 뛰는 삶을 살게 된 것이다. 미래는 기다리는 사람에게 주어지지 않는다. 새벽에 창조하는 사람의 것이다. 동서고금을 막론하고 삶은 자신이 만들어왔다. 지금도 자신이 만들고 있으며, 미래도 자신이 만들어가는 것이다. 이것은 변함없는 진리다.

07

꿈을 놓지 않는 한
인생은 아름답다

*
당신의 꿈을 하찮은 것으로 만들려는 사람들을 가까이하지 말라.
소인배들은 언제나 그렇게 한다. 그러나 진정으로 위대한 사람들은
당신 역시 위대해질 수 있음을 느끼게 한다.

- 마크 트웨인 -

*

초등학교 시절, 일기를 써서 담임 선생님께 꼭 검사를 받았다. 매일 일기 쓰는 것이 쉽지는 않았지만, 담임 선생님의 칭찬을 받기 위해 꼬박꼬박 일기를 썼다. 학교에서는 전교생을 대상으로 일기 쓰기 시상식도 있었다. 초등학교 3학년 때 전교생이 운동장에 모인 날이었다. 난 애국 조회를 하기 위해서 모인 것으로 알고 있었는데, 일기 쓰기 시상식을 한다는 것이었다. '누가 일기를 잘 썼길래 상을 주지?' 하고 귀를 기울이고 있었다. 그런데 내 이름을 부르는 것이다. 그것도 최우수상이었다. 고학년생도 많은데, 저학년인 내가 최우수상을 받은 것이다. 그 일기 내용을 지금도 기억하고 있다.

"우리 집 안방은 밤마다 영화관으로 바뀐다. 큰 도로가에 있는 우리 집은 차가 지나갈 때마다 차 불빛으로 안방 창호지 문에 멋있는 영화를 찍는다. 마당에 아버지가 서 계시면 아버지가 배우가 되고, 강아지가 있으면 강아지도 영화에 나온다. 특히 싸리나무 울타리는 영화 촬영지 배경으로 최고다. 차가 천천히 지나갔으면 좋겠다. 차가 휙 지나가 버리면 영화 보는 시간이 너무 짧다."

상을 받은 이후 일기 쓰기에 더욱 관심을 두었다. 이렇게 수상한 것이 계기가 되어 국어를 더 열심히 공부했다. 중학교 때, 황순원의 단편소설 〈소나기〉를 배웠다. 국어 선생님은 이 소설을 앉은 순서대로 돌아가면서 읽으라고 지시했다. 내 차례가 되어 읽기 시작했다.

수숫단 속은 비는 안 새었다. 그저 어둡고 좁은 게 안 됐다. 앞에 나앉은 소년은 그냥 비를 맞아야만 했다. 그런 소년의 어깨에서 김이 올랐다. 소녀가 속삭이듯이, 이리 들어와 앉으라고 했다. 괜찮다고 했다. 소녀가 다시 들어와 앉으라고 했다. 할 수 없이 뒷걸음질을 쳤다. 그 바람에, 소녀가 안고 있는 꽃묶음이 망그러졌다. 그러나 소녀는 상관없다고 생각했다. 비에 젖은 소년의 몸 내음새가 확 코에 끼얹혀졌다. 그러나 고개를 돌리지 않았다. 도리어 소년의 몸기운으로 해서 떨리던 몸이 적이 누그러지는 느낌이었다.
소란하던 수숫잎 소리가 뚝 그쳤다. 밖이 멀개졌다. 수숫단 속을 벗어 나왔다. 멀지 않은 앞쪽에 햇빛이 눈부시게 내리붓고 있었다. 도랑 있는 곳까지 와 보니, 엄청나게 물이 불어 있었다. 빛마저 제법 붉은 흙탕물이었다. 뛰어 건널 수가 없었다. 소년이 등을 돌려 댔다. 소녀가 순순히 업히었다. 걷어 올린 소년의 잠방이까지 물이 올라왔다. 소녀는 "어머나" 소리를 지르며, 소년의 목을 끌어안았다. 개울가에 다다르기 전에, 가을 하늘이 언제 그랬는가 싶게 구름 한 점 없이 쪽빛으로 개어 있었다.

교실 안은 매우 긴장된 분위기였다. 나 또한 긴장하면서 읽다가 잠시 머뭇거리기도 했다. 소년과 소녀의 청순한 사랑을 느꼈기 때문이다. 선생님도 긴장하셨는지 다음 학생이 이어서 읽도록 지시해야 하는 것을 잊고 아무 말씀이 없어 내가 계속 읽게 되었다.

어른이 되어, 천북중학교 4회 동창생들을 만났을 때 친구들은 황순원의 〈소나기〉를 기억하고 있었다. '소나기' 하면 긴장하며 읽어내려간 내가 생각난다는 것이었다. 그중에 한종덕 동창은 내가 〈소나기〉를 읽으면서 침을 꼴깍 삼켰다고도 했다.

고등학교 때는 정철의 〈관동별곡〉, 〈사미인곡〉 그리고 황진이의 시조 등 여러 문학작품을 배우면서 문학에 대해 더 깊이 있게 배우고 싶었다. 그래서 대학은 국어국문과에 진학했고, 국어 교사가 되었다.

내가 관심 있었던 것이 또 하나 있다면 피아노 연주다. 초등학교 5학년 때, 오르간을 배우고 싶었다. 담임 선생님께서는 내 마음을 읽으시고 "방과 후 집에 있다가 내가 이 음악을 들려주면 곧장 학교로 달려오너라" 하시면서 어떤 음악인지 미리 들려주셨다. 어느 날, 방과 후에 집에 있는데 약속한 음악이 우리 집까지 울려 퍼졌다. 학교 바로 앞에 살았던 난 곧장 학교로 달려갔다. 그리고 오르간 앞에 처음으로 앉아보았다. 그런데 가슴이 쿵쾅쿵쾅 뛰기 시작했다. 달려와서 가슴이 뛰기도 했지만, 마음이 설레어 뛰기도 했다. 이렇게 오르간 연주를 시작했다. "도레미파솔라시도, 도시라솔파미레도." 처음으로 쳐보는 오르간이기에 밤새도록 치고 싶었다. 그런데 집에서 기다리고 있을 동생 생각이 났다. 그리고 엄마 얼굴이 떠올랐다. 아쉬운 마음을 뒤로하고 집으로 돌아오고야 말았다. 집에서는 세 살 된 막냇동생이 기다리고 있었다. 그리고 엄마로부터 한마디 들었다. 그다음부터는 오르간을 배울 수가 없었다. 그렇게 시작하고 기약 없이 미루었다.

당시 나와 아홉 살 차이인 막내 남동생을 내가 거의 돌보아야만 했다. 엄마는 늘 밭에서 일하셨다. 동생의 머리가 내 머리 위로 올라올 때까지 난 땀을 뻘뻘 흘리면서 동생을 업고 다녔다. 언니와 나, 그리고 여동생이 저녁마다 노래를 불렀다. 막내 이름 '선수'를 넣어서 "이 세상에 선수 없으면 무슨 재미로, 해가 떠도 선수 달이 떠도 선수, 선수가 최고야. 아냐 아냐 선규가 최고야, 아냐 아냐 선수가 최고야."

이렇게 '아냐 아냐'로 다른 애 이름을 넣어 부르다가도, 마무리할 때는 막내 남동생 이름을 꼭 넣어 노래를 마쳤다. 귀여운 남동생이 태어나 행복했다. 그런데 내가 오르간을 배우는 데는 걸림돌이었다.

중학교에 들어가고 고등학교에 들어가도 피아노를 배우고 싶은 마음은 변함이 없었다. 대학에 들어가도 여전했다. 교사로 근무할 때도 피아노 잘 치는 학생들을 보면 그렇게 예쁠 수가 없었다. 여학생이 아닌 남학생이 피아노 연주를 하면, 피아노 연주에 난 푹 빠졌다.

지금으로부터 10여 년 전, 피아노를 배우고 싶은 꿈을 실현하고자 피아노학원에 등록했다. 그리고 피아노 앞에 앉았다. 피아노 앞에 앉기만 했는데도 벌써 행복했다. 옆에는 9세, 10세 되어 보이는 초등학생들이 여러 명 있었다. '진작 배울 것이지, 그렇게 나이 먹어서 배우면 손가락이 잘 움직여지지 않아요'라고 말하는 것 같았다. 어렵게 피아노학원에 등록은 했지만, 학교 업무로 바빠서 늦는 날이 많았다. 회의, 회식, 야간학습 지도로 결석하는 날도 많아졌다. 어느 날, 피아노학원 선생님이 "피아노 레슨비는 내지 않아도 되겠어요. 너무 많이 빠지셨습니다"라고 했다. 그다음 달에도 또 그랬다. 이제는 더는 학원 선생님에게 미안해서 다닐 수가 없었다. 한 달에 서너 번 학원에 가니, 선생님은 레슨비 받기를 꺼리셨다.

그렇게 나의 어렸을 때의 꿈을 잠시 접기로 했다.

올해 2020년 1월, 특별한 한 해를 보내야겠다고 다부진 결심을 했다. 집에 피아노가 있고 보니, 독학으로 배우겠다고 결심한 것이다. 아들이 쓰던 〈바이엘 3권〉, 〈피아노 동요곡집〉을 피아노 위에 꺼내놓고 혼자 연습했다. 어렸을 때 간절했던 꿈을 그리면서 연습하고 또 연습했다. 10분에서 20분 정도 피아노를 치면 그 이상은 힘들었다. 피아노 연습이 어려워 힘들 즈음이면 연습을 그쳤고, 다음 날 또 쳤다.

그렇게 2개월이 지나니 외국곡 〈내 모자〉, 〈들로 산으로〉를 비롯해 여러 곡과 미국 민요 〈생일 축하〉, 김규환 노래·곡 〈바둑이 방울〉 등 우리 아이들이 사용했던 〈바이엘 3〉을 마쳤다. 이 중에 〈생일 축하〉 곡은 악보를 보지 않고도 칠 수 있다. 그리고 피아노 동요곡집(이수인 편)도 있어서 연습했다. 동요 〈겨울밤〉, 〈노래하자 춤추자〉, 〈앉은뱅이 꽃〉, 〈퐁당퐁당〉, 〈바둑이 방울〉, 〈꽃밭에서〉 등 여러 곡을 연습했다. 이 중에 악보를 보지 않고도 연주할 수 있는 곡이 〈꽃밭에서〉와 〈앉은뱅이 꽃〉이다. 이 두 곡은 초등학교 시절, 노래가 좋아 목청껏 불렀던 노래들이다. 피아노 앞에 앉으니 행복했다.

"미래는 꿈의 아름다움을 믿는 사람들에게 주어진다."

엘리노어 루즈벨트는 이렇게 말했다. 사람마다 잘하는 것이 있다. 하면 할수록 재미가 있고, 보람 있으며, 자신이 행복해지는 것이 있다. 그것을 찾기 위해 젊은 시절에 꾸준히 도전해야 한다. 도전하는 자에게는 행운이 언젠가는 돌아온다. 도전하지도 않고 멈추어 서서 불평만 늘어놓는 자는 정말로 어리석다. 이런 사람은 늘그막에 후회로 가득 찬 삶을 살아갈 것이다. 젊었을 때 배우지 못한 사람은 늘그막에라도 배워야 한다. 배울수록 기쁨이 찾아온다.

08

성공한 인생은
시련도 아름답다

*
큰 희망이
큰 사람을 만든다.
- 토마스 풀러 -
*

15년 전에 전교생을 대상으로 교내 독서대회를 진행한 적이 있다. 독서대회는 책을 읽고 책 내용에 관한 독서퀴즈를 푸는 것이다. 그 당시 충청남도 교육청에서 독서 교육을 강조할 때다. 각 학교에서 독서 교육을 위해 연간 계획을 세워 추진했다.

본교에서도 연간 독서 계획을 세우고, 필독 도서와 권장 도서를 정해 공고했다. 그때 벤 카슨의 《천혜의 손》을 필독 도서로 정했다. 필독 도서로 정했으니, 전교생이 반드시 읽어야 한다. 대부분 구매해 읽지만, 개인적으로 사지 못하는 학생들을 위해 학교도서관에도 20여 권을 사놓게 했다. 많은 학생이 《천혜의 손》을 들고 다니면서 읽기 시작했다.

　벤 카슨은 미국 디트로이트 빈민가에서 흑인으로 태어났다. 인간으로서 제대로 성장할 수 없는 환경에서 유년 시절을 보냈다. 여덟 살 때 부모가 이혼했기 때문이다. 아빠가 떠난 후 몇 달 지난 어느 날, 엄마는 말했다.

　"며칠간 어디를 다녀와야겠어. 친척 집에 가봐야겠구나."

　엄마는 아이들에게 이렇게 말하고, 정신질환 요양소에서 검진을 받곤 했다. 엄마는 이혼으로 인한 상처 후유증으로 정신과 치료를 받고 있었다. 그러나 아들 둘은 이 사실을 조금도 눈치채지 못했다. 한 번씩 정신과 치료를 위해 병원에 가면 3~4주씩 걸렸는데도 아이들은 몰랐다. 이렇게 정신과 치료까지 받는 어머니에 의해 벤 카슨 형제가 양육되었다. 벤 카슨은 하킨스 초등학교에 다녔는데, 주로 백인 아이들이 많았다. 5학년 때까지 학교 수업을 따라가기 힘들어서 꼴찌인 학습부진아였다. 벤 카슨은 어느 과목 하나도 제대로 이해할 수 없었다. 또한, 허름한 바지만 입고 다닐 정도로 너무 가난해서 반 아이들에게 항상 놀림감이 되었다.

　"카슨이 몇 점 받을지 난 다 안다구."

　"얘~! 빵점이지 뭐."

　어느 날, 학교에서 시력검사를 시행했다. 그 결과, 벤 카슨이 시력 장애자로 분류되기 일보 직전이었다. 얼마나 눈이 나쁜지 벤 카슨 자신도 몰랐다. 학교에서 벤 카슨에게 안경을 맞춰주었다. 안경을 쓰니 교실 뒤쪽에 앉아도 칠판이 잘 보이기 시작했다. 여기에 어머니의 가르침도 잘 따라주었다. 어머니는 구구단을 외우게 시켜 수학 성적을 올리게 했다. 1주일에 2권씩 독서하고 독후감을 쓰게 해, 어휘력이 생기면서 이해력도 크게 향상되었다. 드디어 중학교 1학년 때 윌스은 반에서 1등을 했다. 어머니의 신앙교육으로 그는 신앙심도 자라게 되었다.

"베니야, 넌 절대로 실패하지 않아. 넌 꼭 해낼 수 있어", "하나님께 구하라, 그러면 도와주실 거야" 벤 카슨 어머니는 이런 말을 자주 들려주었다. 벤 카슨은 가난과 흑인이라는 편견 속에서도 독서와 신앙을 통해 꿈과 희망을 품었다. 그가 미국 역사상 흑인 최초로 존스홉킨스의과대학 입학, 흑인 최초로 존스홉킨스의과대학 신경외과 과장이라는 새 길을 열게 한 것은 바로 어머니의 두 가지 교육 방법이었다. 초등학교 3학년밖에 다니지 못한 분이 자녀 교육 방법에 있어서 매우 훌륭했다.

그는 외과 의사가 된 후에는 하나님을 의지해 수술실에 들어가기 전 먼저 기도부터 했다. 기도하고 수술하니, 한 치의 오차도 없이 완벽하게 수술을 마치게 되었다. 벤 카슨 의사가 수술하는 것이 아니라, 하나님이 수술하시는 것이었다. 벤 카슨에게 수술을 맡기는 당사자나 보호자는 행운아였다. 그는 존스홉킨스의과대학 신경외과 과장으로 신경외과 분야 세계 최고의 의술을 선도했다. 그리고 세계 최초로 샴쌍둥이 분리 수술을 성공으로 이끌어냈다.

아빠 없는 빈민가 아이에서 세계 최고의 신경외과 의사가 된 것은 두 가지의 위대한 힘에 의해서이다. 첫째, 어머니의 훌륭한 가르침이다. "너는 특별한 아이이기 때문에, 무엇이든지 해낼 수 있을 뿐만 아니라 남보다 더 잘할 수 있다", "하나님께 구하라, 그러면 도와주신다" 이렇게 그의 어머니는 어릴 때부터 신념을 벤 카슨의 머릿속에 지속적으로 불어넣어주었다. 둘째, 벤 카슨은 어머니의 신앙교육으로, 하나님이 항상 옆에 계시다는 것을 믿었다. 무슨일을 하든지 하나님께 기도했다. 그리고 하나님의 능력에 의지할 때, 기적이 일어난다는 사실을 확신했다. 그래서 벤 카슨은 하나님이 주신 손(God gifted hands)으로 수술했다.

《천혜의 손》 첫 페이지에 벤 카슨은 "나의 형과 나의 인생을 시작하도록 당신의 인생을 헌신하신 나의 어머니, 쏘냐 카슨에게 이 책을 바칩니다"라고 썼다. 남편에게 배신당하고 자식들에게도 배신당하는 소설 모파상의 《여자의 일생》과는 달랐다. 벤 카슨 어머니는 남편에게는 배신당했지만, 아들 벤 카슨은 어머니의 헌신을 알고 있었다.

이러한 감동을 주는 훌륭한 도서이기에, 교내 독서대회 필독 도서로 정한 것이다. 교내 독서대회를 마치면서 여러 학생이 감명 깊게 읽었다고 이구동성으로 내게 말해주었다. 좋은 책을 선정해줘서 고맙다는 인사를 받았다.

"오늘의 내 존재나 내가 바라는 나 자신의 모든 것은 내 어머니의 덕분이다."

에이브러햄 링컨의 이 말을 벤 카슨은 인용해 자신도 이 같은 언사를 말할 수 있는 자격이 있는지는 모르겠지만, 엄마 소냐 카슨은 이른 아침 새같이 부지런했고 대장부처럼 강인했으며, 자신의 인생에 강렬한 영향력을 행사한 인물인 것만은 확실하다고 했다. 그리고 엄마의 감화력을 이야기의 서두로 잡지 않고서는 인생의 성공담을 말하는 것은 불가능한 일이며, 자신의 인생 이야기는 엄마의 삶의 이야기로부터 시작된다고 말했다. 그만큼 벤 카슨이 성공할 수 있었던 배경에는 어머니의 헌신과 독서 교육이 있었다.

벤 카슨은 2008년에 미국에서 민간인이 받을 수 있는 최고의 영예인 '자유의 메달'을 수상했다. 2009년에는 그의 삶을 다룬 영화 〈벤 카슨 스토리(Gifted Hands)〉가 제작되기도 했다. 꼴찌에서 '신의 손'이라는 별명을 얻기까지 많은 시련을 이겨낸 최고의 소아신경외과 의사 벤 카슨! 어린 시절 불우하게 자랐던 그는 꿈을 가진 재능 있는 학생들을 위해 카슨 장학재단을 만들고 장래가 촉망되는 학생들에게 장학금을 주고 있다.

"가시에 찔리지 않고서는 장미를 모을 수 없다."

핀페이의 말이다. 당신은 지금 가시에 찔리고 있는가! 그럼 장미꽃을 지금 모으는 중이다. 가시에 찔리는 아픔을 참고 바구니에 장미꽃을 가득 모을 수 있겠는가! 그렇다면 당신의 미래가 기대된다. 시련 뒤에 밝은 미래가 기다리고 있으니까. 벤 카슨은 성공한 인생이기에 시련도 아름답게 느껴진다. 빈민가에서의 시련이 없었다면, 어머니의 훌륭한 교육이 없었다면 세계 최고의 신경외과 의사가 되지 못했을 것이다. 만일, 내가 벤 카슨을 만난다면 이런 말을 하고 싶다. "선생님께서 어머니 말씀에 늘 순종하시는 모습이 아름다웠습니다. 그리고 수술실에 들어가기 전 기도하시는 모습은 더욱 아름다웠습니다."

3장.

삶이 가져다주는
축복들

01

나를
도전하게 만들다

때가 되면 꽃은 피어나고 진다. 때가 되면 달도 차고 기운다. 때가 되면 사람도 왔다가 갈 길을 찾아 떠난다. 나 또한 교단에서 오래 근무했으니, 이제 떠날 때가 됐다. 지난날을 되돌아보니, 힘들 때도 있었지만 감사한 일이 더 많다. 감사한 일 중 하나가 지금까지 건강하게 교직 생활을 한 것이다. 그리고 또 하나는 훌륭한 제자들이 많이 배출되었다는 것이다. 올해도 제자들과 같이 근무하고 있다. 모두 수업도 잘하고 업무처리도 야무지게 한다. 교사로서 흐뭇하고 보람 있는 일이다.

이제, 교단을 떠나면 내가 무엇을 하면서 살아갈까? 지금까지 초등학교, 중학교 그리고 고등학교, 대학교까지 16년을 학교에 다녔다. 그리고 올해 교직 생활 33년째다. 그러고 보니, 약 50년을 학교에만 다닌 것이다. 학교에만 있었으니, 세상 물정에 대한 경험이 많이 부족하다. '은퇴 후, 어디에서 무엇을 하면서 내 인생을 채워갈까?' 고민했다. 그리고 약간 두렵기까지 했다. 그러나 나는 하나님을 믿는 사람이니, 교직 생활 이후도 책임져주시리라 믿는다.

하나님께서 도와주시지만, 아무 계획도 없이 은퇴할 수는 없다. 그동안 교단에서 학생들을 가르치며 보람도 느끼고, 전문적인 업무를 통해서 나의 존재를 확인했다. 그러나 계획 없이 퇴직하고 나면, 내 인생에서 주인공이 아닌 주변 인물로 살아갈 것이다. 주변 인물로 살아가는 삶에 대해 상상을 해보니, 상상조차 허락되지 않는다. 제2의 가슴 뛰는 인생을 살고 싶기 때문이다. 그래서 나를 위한 삶, 내 인생에서 주인공으로 살아가는 삶에 대해 늘 생각해왔다. 드디어 찾아냈다. 바로 책 쓰기요, 작가로 살아가는 삶이다.

어렸을 때부터 유명한 자동차 경주 선수가 되고 싶었던 사람이 있었다. 그런데 좀 더 커서 자동차 경주 선수가 되는 것은 매우 어려운 일이라는 것을 깨달았다고 한다. 실력은 물론 경제적인 뒷받침까지 갖춰져야 한다는 사실을 늦게야 알았으니 말이다. 그는 가난하기 때문에 몹시 실망했지만, 현실에서 물러서지도 않고, 자신의 꿈을 포기하지도 않으며, 농장에서 자동차를 운전하는 일부터 시작했다고 한다.

그는 일이 끝나면 자동차 경주를 가르치는 훈련소로 향했고, 열리는 대회마다 빠짐없이 참가했다. 그러나 테크닉이 부족했던 그는 좋은 성적을 내지 못해 수입은커녕 대회 참가비만 날렸다고 한다. 이렇듯 어려운 현실 속에서도, 그는 자신의 꿈과 신념을 버리지 않았고 끈질기게 훈련을 계속했다.

　　그러던 어느 날, 한 대회에 참가했는데, 그는 코스를 절반쯤 돌 때 3등으로 달리고 있었다고 한다. 이대로만 하면 순위권 안에 들 가능성이 커서, 인생의 전환점이 될 수도 있는 절호의 기회가 찾아왔다. 그러나 갑자기 앞에서 달리던 자동차가 뒤쪽으로 미끄러져 서둘러 핸들을 꺾었지만, 워낙 빠른 속도로 자동차가 달리고 있어서 그만 펜스 위로 뒤집히고 말았다. 젊은이는 구조되었지만, 전신에 40%가 넘는 화상을 입었다고 한다. 특히 손과 코에 심각한 상처를 입었다는 것이다. 의사는 일곱 시간의 대수술 끝에 젊은이를 살려냈으나, 그의 손이 이미 오그라들어 쓸 수 없는 지경이 되었다. 의사가 그에게 선고하듯 "앞으로 운전은 할 수 없을 겁니다"라고 말했다. 그야말로 청천벽력 같은 말이었다. 그러나 그는 절망하지도 않았고, 자신의 꿈을 포기하지도 않았다고 한다. 피부 이식 수술을 받은 후, 손가락의 감각을 되살리기 위해 망가진 손으로 하루도 빠짐없이 나무막대기 쥐는 연습을 했다는 것이다. 극심한 고통에 온몸은 땀으로 흠뻑 젖었지만, 끝까지 포기하지 않았다고 한다.

　　젊은이는 다시 농장으로 돌아와 불도저를 몰며 감각을 되찾으려고 애썼고, 자동차 경주 훈련도 다시 시작했다. 그로부터 9개월 후, 또 한 차례 대회에 참가했지만, 자동차에 원인을 알 수 없는 불이 나 좋은 성적을 거두지 못했다고 한다. 얼마 후 그는 또 다른 대회에 참가했고 놀랍게도 2위를 차지했다. 그는 여기에서 그치지 않고, 2개월 후 사고가 났던 바로 그 경기장에서 열리는 대회에 참가해, 치열하게 경쟁한 끝에 우승을 차지하여, 그의 눈에서는 뜨거운 눈물이 흘러내렸다. 이 젊은이가 바로 미국의 유명한 카레이서 지미 해리보스다.

미치(狂)면 미치(及)게 되어 있다. 지미 해리보스가 그랬다. 자신의 꿈에 미쳐 드디어 해낸 것이다. 대부분의 사람은 자신의 꿈이 있는데도 자신을 믿지 못한다. 그래서 꿈에 도전하지 못하고, 꿈 주변에서 맴돌다가 인생을 마감한다. 어떤 사람은 도전하기 위해 시작은 했으나, 의지를 다지고 노력해보지도 않고 중도에 포기하는 사람이 있다. 그러나 지미 해리보스는 자신을 믿고 도전했다.

어느 탐험대가 사하라 사막을 걷고 있었다. 광활한 사막에서 힘겹게 걸음을 옮기는 대원들은 목이 말랐지만, 물은 이미 바닥나 있었다고 한다. 이때 대장이 물통 하나를 들어 보이며 "여기 물 한 통이 더 있다. 하지만 사막을 건너기 전에는 아무도 마실 수 없다"고 말했다. 탐험대에게 그 물통은 사막을 건너리라는 신념이자 살아남기 위한 희망이었을 것이다. 대원들은 번갈아 물통을 만져보며 죽지 않을 것이라는 희망을 품었을 것이다. 드디어 사막을 건너자 기쁨의 눈물을 흘렸고, 드디어 물통을 열었다. 그러나 물통 안에 담겨 있던 것은 물이 아니라 모래였다. 만약 대장이 물통에 물이 있다고 거짓말을 하지 않았더라면 어떻게 되었을까? 이 이야기는 어떤 상황 속에서도 신념을 잃어서는 안 된다는 사실을 말해주고 있다. 신념은 행동으로 옮기게 하고, 행동은 결과물을 만들어낸다. 그래서 어떠한 신념을 가졌느냐에 따라 행동이 달라지고 결과물이 달라진다.

우리는 모두 밝은 미래를 꿈꾸고 있다. 인생을 헛되이 보내고 싶은 사람은 아무도 없다. 그렇다면 현재 자신의 신념을 점검해야 한다. 거울 앞에서 자신을 들여다보는 시간이 필요하다. 무엇을 좇아 살아가고 있는지, 삶의 목적이 무엇인지 내면 깊숙이에 있는 자신을 들여다보아야 한다.

이제 내 인생 2막이 이미 시작됐다. 내가 나에게 도전장을 던졌다. 내가 주인공이 되어 살아가는 삶, 작가로 살아가는 삶이다. 나는 나 자신을 믿는다. 그래서 나는 지금 책을 쓰고 있다. 우리는 얼마든지 자기 자신을 뛰어넘을 수 있다. 바로 노력이라는 정직함으로 말이다. 성공은 결코 게으른 자의 문을 두드리지 않는다. '천 리 길도 한 걸음부터'라는 속담이 있다. 도전하고자 한다면 지금 한 걸음부터 발걸음을 떼기 바란다. 도전해야 한다는 것을 아는 사람은 많지만, 실제 행동으로 옮기는 사람은 그리 많지 않다. 바로 그 행동으로 옮기는 도전과 노력이 바로 성공을 이끌어낸다. 성공하고 싶은가? 그럼 당장 당신의 꿈에 도전하라. 그랜드마 모세는 이렇게 말했다.

  "삶은 우리 자신이 만드는 것이고, 언제나 우리 자신이 만들어
왔고, 앞으로도 자신이 만들어나갈 것이다."

  오늘 걷지 않으면 내일은 뛰어야 한다. 그렇지 않으면 결코 성
공을 차지할 수 없다. 오늘부터 시작하자. 쉼 없이 걸어서 자신을
뛰어넘길 바란다. 내일은 오늘보다 더욱 나아져야 한다. 그것이 작
은 차이일지라도 성공을 향해 한 걸음 다가갈 수 있다. 성공에서 가
장 중요한 것은 즉시 행동하는 것이고, 지금 당장 첫걸음을 떼는 것
이다. '한 평의 밭에서는 한 평만큼의 수확만 할 수 있다'라는 진리
를 깨닫는 자와 그렇지 못한 자의 미래는 확연히 다르다. 살아 있다
는 것은 도전할 기회가 있다는 것이다. 지금 도전장을 자신에게 던
져라. 그리고 지금 당장 행동으로 옮기길 바란다.

삶은 아픈 만큼
성숙한다

*
누군가는 이렇게 말한다. 시간이 모든 것을 해결해준다고.
그러나 실제로 모든 것을 변화시켜야 하는 것은 바로 당신이다.

- 앤디 워홀 -
*

　개인이나 기업이나 살아가면서 큰 위기가 있게 마련이다. 위기가 닥치면 시간이 다 해결해준다고 위로를 해주는 사람들이 많다. 하지만 이 말로 진정 위로가 될까? 곤충학자 찰스 코우만 여사는 애벌레가 나비가 되는 과정을 연구하면서 실수를 했다. 나비가 작은 고치에 구멍을 내며 몸부림을 치면서 막 나오려고 하는 것을 여사가 발견했다. 그런데 몇 시간을 기다렸지만, 나비가 그 작은 구멍을 뚫고 나오지 못했다. 이러다가는 영영 나오질 못할 것 같은 생각이 들었다. 긴 시간 애를 쓰고 있는 나비가 안쓰러워 가위로 고치 구멍을 조금 뚫어 주었다. 비로소 나비는 쉽게 고치를 빠져나왔다.

그런데 나비는 아주 작았고, 찌부러진 상태로 가냘픈 날개를 가지고 있었다. 찰스 코우만 여사는 나비가 곧 날개를 활짝 펴겠지 생각했다. 나비가 자기 몸을 지탱할 만큼 튼튼해지기를 기대하면서 지켜보기로 했다. 하지만 그 나비는 계속 말라비틀어진 몸뚱아리와 찌그러진 날개를 지닌 채, 날개를 질질 끌며 바닥을 왔다 갔다 했다. 그리고 끝까지 날지 못했다. 이제는 움직이지도 않았다.

나비는 몇 주 동안 애벌레가 고치 속에서 변태의 과정을 거쳐 나비가 된다. 나비가 고치를 뚫고 나오려고 발버둥을 칠 때, 찰스 코우만 여사처럼 고치를 찢어서 나비가 쉽게 나오도록 도와주고 싶을 것이다. 그러나 나비가 작은 고치 구멍을 빠져나오려고 애쓰는 동안, 그 몸통에 있던 액체가 분비되어 날개를 적시게 된다. 그러면서 단련된 날개가 날 힘을 얻게 된다. 고투의 과정을 거치지 않은 나비는 나약해져서 날아오르지 못하고 죽는다. 나비가 되어 날아오르기 위해서는 반드시 스스로 고치를 뚫고 나오는 고난의 과정이 필요하다.

살다보면 인간으로서 견디기 힘든 고난을 겪을 때가 있다. 그 힘든 시간을 보내는 동안 두 부류의 사람으로 나뉜다. 한 부류는 부정적인 생각을 하는 사람들이다. 이들은 절망하면서 시련의 원인을 남의 탓으로 돌리고, 시련으로부터 달아나려고 한다. 또 한 부류는 고난을 자신의 그릇을 키워주는 훈련으로 여긴다. 그래서 시련이 닥치면 달아나기보다 오히려 적극적인 자세로 해결하려고 애

쓴다. 그리고 극복하기 위해 더 강해진다. 여기, 비극적인 환경에서 살았지만, 잘 극복해낸 인물이 있다. 바로 《우리들의 변호사》의 저자 박준영 변호사다. 그는 국선 변호사로 유명하다. 삼례 나라슈퍼 사건, 익산 택시 기사 사건 등 재심 변호를 통해 가난하고 억울한 사람들의 한을 풀어주었다. 돈을 받지 않고 사건을 변호하기 때문에 아직도 집 한 채 없다. 요즈음은 강연가로 유명하다. 2015년에는 제 3회 변호사 공익대상을 수상했고, 2016년에는 헌법재판소 모범 국선 대리인 표창을 받기도 했다.

《우리들의 변호사》에는 박준영 변호사의 아픈 과거가 고스란히 담겨 있다. 읽기만 해도 가슴이 저려온다. 그 아픔을 겪은 당사자는 얼마나 힘들었을까? 아픔을 잘 극복하고 지금은 국선 변호사로서 사람들에게 희망과 용기를 주고 있어, 이 자리를 빌려 박수갈채를 보낸다. 이런 내용이 있다.

누구에게나 그렇겠지만 '엄마'라는 이름은 언제 불러도 울컥하고 눈시울이 붉어지는 참으로 뜨거운 단어이다. 박 변호사의 엄마는 중학교밖에 나오지 못했는데, 동네 오빠였던 아버지와 결혼해 평생 고생만 하고 가셨다. 목포에 잠시 나가 살던 때를 제외하면 평생 노화도에서 지냈는데, 자식 하나를 가슴에 묻어야 하는 불행한 일도 겪으셨다. 가슴 아픈 이야기여서 박 변호사 자신도 잘 말 못하는 이야기라고 한다. 서너 살인가 됐을 때, 바로 밑의 동생을 데리고 바닷가에 나갔는데, 이제 겨우 아장아장 걷는 아이를 데리고 바다에 나갔다가 그만 그 동생이 물에 빠져 잘못되고 말았다는 것이다. 엄마는 장사하느라 어린 동생까지 돌볼 여력이 없으셨다고 한다.

그리고 엄마는 박 변호사가 초등학생 때 한 차례 자궁암이 발병했다가 항암치료를 받고 좋아졌는데, 중학생 때 재발했다고 한다. 그래서 서울 병원으로 검사를 받으러 갔고, 자신은 무슨 일인지 정확하게 알지도 못한 채 엄마를 기다렸다고 한다. 그런데 곧 돌아오마던 엄마는 몇 달이나 집에 오지 못하셨고, 후에 서울에 올라가 항암치료를 받는 엄마를 처음 봤을 때, 엄마가 아닌 것 같아 엄청 놀랐다고 한다.

결국은 엄마가 돌아가시게 되었는데, 돌아가신 지 얼마 안 된 엄마는 따뜻하고 말랑말랑했다고 한다. 솔직히 어린 아이로서 죽는 것이 어떤 건지도 잘 몰랐다고 한다. 이렇게 어린 나이에 엄마를 잃는 큰 아픔을 겪어야 했다. 엄마를 보내는 일은 장의사인 아버지가 할 수 없어, 다른 분이 맡아 염을 해주시고 장례도 도와주셨는데, 그의 엄마는 상여 대신 차 가득, 넘치게 꽃을 달고 곱게 가셨다고 한다. 그 많은 꽃 중에 어쩌면 자신이 접은 종이꽃도 몇 송이쯤은 있었을지 모르겠다고 박 변호사는 말하고 있다. 학교에 갔다 오면 하는 일이 상여에 매달 종이꽃 접는 것으로, 엄마도 아버지도 그 꽃들이 엄마를 위해 쓰일 줄은 몰랐다. 자신이 만든 꽃이 엄마의 상여에 쓰일 줄 정말 몰랐었다고 박 변호사는 말한다.

다른 사람이 고난을 겪고 있을 때, '내가 저런 고난을 겪는다면 나는 견뎌낼 수 있을까? 가족 중 한 사람이 그런 일을 겪는다면 그 아픔을 바라보고 있는 내가 견뎌낼 수 있을까?'라고 생각한 적이 있다. 그러나 그런 생각조차도 지우고 싶어 고개를 가로저으며 그 생각을 떨쳐버린다. 고난에 대해서는 생각조차도 하기 싫은 것이 인지상정이다. 그런데 사람이 살아가면서 고난을 겪지 않을 수 없다. 고난의 강도 차이가 있을 뿐이다. 어떤 사람은 집에 화재가 발생해 하루아침에 집 없는 신세가 되기도 한다. 어떤 사람은 부모를 저세상으로 보내고 고아가 되어 힘들게 살아가기도 한다. 어떤 사람은 젊은 나이에 자녀를 가슴에 묻기도 한다. 이 얼마나 비극적인 일인가!

그러나 시련을 잘 견디어내기만 하면 사람을 크게 변화시킨다. 삶이 고통스러울지라도 시련의 아픔이 크면 클수록 더욱 사람을 크게 성장시킨다. 삶에서 큰 아픔은 자신의 정체성을 정확하게 깨닫게 해준다. 그리고 그 격렬한 고통은 사고와 가치관을 개조시킨다. 자신이 누구인지 알려준다. 앞으로 무슨 생각을 하며 살아야 할지도 제시해준다. 그리고 삶의 방향을 완전히 새로 수정해준다. 오스왈드 챔버스는 이렇게 말했다.

"지저귀는 새는 노래하는 법을 어둠 속에서 배운다."

엘렌지 화잇은 이렇게 말했다.

"새장 속의 새는 밝은 대낮에, 다른 사람의 노래가 들리는 데서는 주인이 가르쳐주려는 노래를 부르지 않는다."

새는 한 소절씩은 노래를 따라 할 수 있지만, 곡 전체를 처음부터 끝까지 익히지는 못한다고 한다. 이럴 때 주인은 새장을 덮어서 새가 불러야 할 노래 한 곡만 들리는 장소에 새장을 갖다 놓는다. 새는 어둠 속에서 그 노래를 부르고 또 불러서 곡 전체를 익힌다. 그리고 완벽하게 노래를 부를 수 있게 된다. 새장을 다시 제자리에 옮겨 놓으면, 새는 밝은 곳에서도 계속 그 노래를 부를 수 있게 된다.

지금 당신이 어둠 속에 있다면, 어둠 속에서 귀를 기울여라. 그러면 누군가에게 전할 귀한 메시지가 떠오를 것이다. 삶의 아픔이 자신을 연단하며 정체성을 명확히 하기 위한 과정이라고 생각하라. 또한, 자신을 성숙시키는 동시에, 다른 이들의 삶에도 도움을 주기 위한 과정으로 생각하라. 우리의 시련은 자신을 위한 것일 뿐만 아니라, 주변 사람들을 위한 것이기도 하다. 시련은 자신의 가치관을 변화시키며, 시련 너머 미래를 내다볼 수 있게 만든다. 시련을 겪을 때, 시련이 자신을 파괴하고 있는 것이 아니라, 근본적으로 자신을 수술하고 있다는 것을 믿어라. 수술이 마쳐지면 미래를 완전히 새로운 세계로 바꿔줄 것이다. 이 과정에서 시련을 겪기 전보다 더욱 성숙해지고 발전하게 된다는 것을 명심하고, 상상하며 잘 견디길 바란다.

03

간절하면 꿈은
이루어진다

'난 은퇴하면 무슨 일을 할까?' 고민했다. 어떤 사람은 그동안 학생들 가르치느라 수고했으니, 여행이나 하라고 했다. 어떤 사람은 다문화 가정을 위해 한국어를 가르치는 것이 좋겠다고 제안했다. 어떤 사람은 골프도 치고, 독서하면서 쉬라고 했다. 그러나 그 어떤 말을 해도 내 귀에 들어오지 않았다. 내가 가슴 뛰는 제2의 인생을 살고 싶어서다. 여행을 해도, 다문화 가정을 위해 한국어를 가르쳐도 가슴이 뛸 것 같지는 않았다. 그런데 드디어 내가 가슴 뛰는 일을 만났다. 바로 책 쓰기다. 요즘 새벽에 일어나 책을 쓰고 출근하는 작가가 되었다. 당신도 지금 꿈을 꾸고 있는가? 그리고 그 꿈이 이루어지기를 간절히 바라고 있는가? 나폴레온 힐은 어떤 사고라 할지라도, 어떤 계획이나 목표라 할지라도 '반복된 사고'는 조용히 마음속에 뿌리를 내려 반드시 싹을 트게 해준다고 한다. 그러므로 마음속에서 결정한 것은 알기 쉬운 말로 종이에 써놓고 매일 소리를 내 읽으라고 강조했다. 계속 반복해서 소리 내어 읽으면, 어느 사이엔가 잠재의식 안에서 성장해 머지않아 폭발적인 위력을 발휘하게 될 것이기 때문이다.

정말 그렇다. 이렇게 반복된 사고는 강한 신념을 만들어낸다. 거듭 되풀이하는 사고는 그것이 거짓이든 진실이든 마음속에 뿌리를 내려 반드시 싹이 나고 열매를 맺게 한다. 그러므로 꿈이 있으면 그것을 종이에 적어 매일 소리 내어 읽기를 바란다. 어느 새, 자신의 잠재의식 속에 있다가 성장해 언젠가는 폭발적인 위력을 발휘하게 될 날이 반드시 온다. 반복된 사고의 위력을 발휘하게 되는 날, 자신도 놀라게 될 것이다. 왜냐하면, 지금 자신의 삶을 돌아보면, 과거 언젠가 현재의 삶에 대해 반복적으로 사고한 적이 있지 않은가! 그래서 지금 그런 삶의 세계에서 살아가고 있지 않은가!

세계 골프계에서 '파이널 퀸', '역전의 여왕', '골프여제'로 수많은 별명을 가진 골프 선수 신지애는 대한민국을 대표하는 프로골퍼다. 그는 KLPGA를 석권하고 세계 무대인 LPGA에 입성, 최연소 LPGA 브리티시 오픈 우승을 포함한 다양한 기록들을 세우며 당당하게 세계 랭킹 1위에 올랐다. 이런 실적을 올린 신지애의 꿈은 얼마나 간절한 마음이 있었을까?

역전의 여왕 신지애에게도 큰 시련이 있었다. 큰 시련은 신지애에게 간절한 꿈을 갖게 했다. 아버지의 권유로 골프를 시작했는데, 중2 때 가정형편이 어려워져 골프를 계속할 수 없게 되었다. 즉 훈련비가 없었다. 그러나 신지애는 여기에 좌절하지 않고, 여러 골프장을 찾아다니며 연습하게 해달라고 사장들에게 사정했다. 그중, 신지애가 주로 찾던 골프장 사장이 이 여학생의 끈기와 성실함에 감동해 무기한 연습할 수 있도록 허락했다. 그뿐만 아니라 전국대회에도 출전할 경비를 지불해줬다. 그런데 안타깝게도 2003년에 신지애가 감당하기 어려운 큰 시련이 닥쳤다. 딸의 경기를 보러 가던 어머니와 동생들이 교통사고를 당해 어머니가 돌아가신 것이다. 얼마 후 신지애의 아버지는 딸에게 1,500만 원을 주며 이렇게 말했다. "네 엄마의 목숨과 바꾼 돈이다."

빚을 갚고 남은 어머니의 사망보험금으로 신지애는 목숨 걸고 연습하기 시작했다. 휴대전화 바탕에는 '훈련은 근육의 지능을 만든다'라는 문구를 넣었다. 신지애는 이 문구를 볼 때마다 결심을 다졌다. 그렇게 치열하게 연습한 결과, 2005년 SK엔크린 인비테이셔널에서 아마추어로 우승해 그해 프로로 전향했다.

드라이버 샷과 쇼트아이언 샷이 자신 있다는 그녀는 평균 드라이버 거리가 260야드다. 2006년에는 국내 무대를 석권했고, 2007년에는 국내의 모든 기록을 경신했다. 2008년에는 초청선수로 참가한 LPGA 투어 브리티시 오픈에서 첫 메이저 대회 우승의 영광을 얻었다. 또한 박세리가 세웠던 대회 최연소 우승 기록을 경신하기도 했다. 2010년 5월 3일에는 아시아인 최초로 여자골프 세계 랭킹 1위에 등극해 파이널 라운드의 여왕 자리에 앉았다.

신지애는 엄마의 목숨과 바꾼 돈으로 골프 연습을 했다. 그러다 보니 그 꿈이 얼마나 간절했을까! 신지애에게 닥친 큰 시련은 꿈에 대한 간절함의 크기였고, 바로 성공의 크기였다. 성공한 사람이 성공 이전에 큰 시련을 견디어낸 보상으로 선물을 받은 것이다.

많은 사람이 꿈을 꾸고 있다. 꿈이 크든 작든 가슴에 꿈을 간직한 채 살아가고 있다. 그러나 누구나 그 꿈을 이루어내지는 못한다. 그 꿈이 간절하지 않기 때문이다. 그리고 간절하지 않다 보니, 도전하지도 않는다. 간절함은 꿈을 이루는 기본 조건이고, 도전의 필수 조건이다. 그리고, 도전은 성공을 이루기 위한 필수 과정이다. 아무리 작은 성공이라도 자신이 간절한 마음이 없어 도전하지 않으면 성공을 이루어낼 수 없다. 그러므로 아무리 극한 상황에 있다 하더라도, 간절한 마음이 도전하게 만들어 큰 성공을 손에 쥘 수 있게 만든다.

당신은 꿈을 갖고 있는가? 꿈이 있다는 것은 살아갈 힘이 있다는 것이다. 그 꿈을 실현하기 위한 간절한 마음이 있는가? 그렇다면 지금 도전할 준비도 마쳤다는 것이리라. 지금 도전하고 있는 사람은 높은 장벽들이 앞에 줄줄이 서 있을 수 있다. 그 장벽들을 무너뜨리기 위해 적극적인 자세로 임해야 한다. 걱정, 의혹, 두려움 등, 소극적인 자세로 임하면 성공과 거리가 멀어질 것이다. 이제 성공은 당신의 자세에 달려 있다.

어떤 사람은 꿈이 많다. 여러 개의 꿈을 붙잡고 동시에 모두 실현시키고자 한다. 그러나 한 가지 꿈을 향해 적극적인 자세로 실천하길 바란다. 그러면 당신에게 놀라운 재능이 있음을 곧 발견하게 될 것이다. 여러 개의 꿈을 동시에 실현하려고 하면, 당신의 재능이 언제 발견될지 모른다. 그리고 소극적인 자세를 취하고 있다면, 당신의 재능을 지금 죽이고 있는 것이다. 당신 안에 있는 훌륭한 재능을 지금 하나만 꺼내어 잘 살려보길 바란다. 바로 지금이다. 다음은 꿈을 잠재웠던 사람들이 다시 간절하게 꿈을 꾸고, 도전하기를 바라는 마음에서 지은 시다.

내일을 염려하지 마십시오.
내일도 태양은 반드시 떠오릅니다.

그대가 간절하게 꿈을 꾸고 있는 한
그대가 자전거 페달을 밟고 있는 한
그대는 절대 넘어지지 않습니다.

세상은 간절하게 꿈꾸는 자의 것
세상은 꿈을 놓지 않는 자의 것

잠재웠던 꿈을 지금 다시 꾸십시오.

그대가 지금 할 일은
가슴 깊숙이에 잠재웠던 꿈을 깨우는 일입니다.
그리고 도전하는 일입니다.
도전의 시작은 하나씩 바꾸려는 마음이면 됩니다.
하나씩 마음을 바꾸면 행동이 달라집니다.
하나씩 행동을 바꾸면 인생이 달라집니다.

하나씩 마음을 바꾼 것이
무채색 인생에서 유채색 인생으로 달라진다는
진리를 믿으십시오

당신의 인생은 당신 것입니다.
세상은 간절하게 꿈꾸는 자의 것입니다.

보스턴 필하모니의 지휘자인 벤 젠더는 '가슴이 부서져보지 않
은 사람은 결코 위대한 음악을 연주할 수 없다'고 했다. 당신의 가
슴이 부서졌었다면, 이제 위대한 음악을 연주할 차례이다.

04

나도 '동시인'으로
등단하다

*
어린이는 어른의 아버지이다.

- 윌리엄 워즈워스 -
*

　국어 교사로 시에 늘 관심이 있었다. 그래서 '시' 관련 공문이 오면 대부분 추진했다. 2012년도에 충청남도 교육청에서 추진했던 교과 통합 캠프를 진행했다. 놀랍게도 그해, 교내에서 시 외우기 붐이 일어났다. 학생뿐만 아니라 교직원들에게도, 시를 암송하면 부상으로 문화상품권을 지급했다. 교직원 회의를 시작하기 전에 두세 명의 교사가 시를 암송했다. 심지어는 교사 체육으로 모인 자리에서도 암송했다. 다음은 그 당시 보냈던 가정통신문이다.

학부모님께!

그동안 안녕하셨어요? 천고마비의 계절, 마음도 넉넉해지는 아름다운 가을입니다. 본교에서는 충청남도 교육청에서 추진하고 있는 2012 책 읽는 충남교육! 〈다정다감 국어 시 외우기〉에 적극적으로 협조하기 위해, 교내 축제의 한 프로그램으로 교과 통합 캠프를 운영하고자 합니다. 즉 국어, 음악, 미술 교과 통합 운영입니다. 이 캠프를 통해 본교 학생들이 바른 품성이 함양되고, 문학적 감수성이 신장되기를 기대하고 있습니다. 아래와 같이 계획해 추진하고자 하오니, 학부모님들께서도 적극적인 참여를 부탁드립니다.

1. 일시: 2012년 11월 20일(화) 10:00~12:00

2. 장소: 한빛관(본교 다목적관)

3. 내용: 교과 통합 캠프

(국어: 시 외우기, 독후감 발표, 음악: 가곡 부르기, 성악가 초청, 미술: 도자기 전시)

4. 참가 대상: 전교생, 교사, 학부모

5. 본교에서 선정한 시

가. 전교생 필수 암송 시: 김춘수의 '꽃'

나. 선택(2편) 암송 시: 윤동주의 '서시', 한용운의 '님의 침묵', 서정주의 '국화 옆에서', 도종환의 '흔들리며 피는 꽃', 노천명의 '이름 없는 여인이 되어'

캠프 2개월 전부터 시를 인쇄해 전교생에게 나누어주고 암송하도록 했다. 학생들에게 문화상품권을 부상으로 주니, 복도에서 나를 만나면 가는 길을 막고 시를 암송했다. 심지어는 화장실 앞에서도 암송했다. 이렇게 시 암송 붐이 일어난 것은 문화상품권 덕분이다. 선착순으로 먼저 암송한 학생들에게 지급했기 때문이다. 학생들이 아무 때나, 아무 곳에서나 시를 암송하니, 학생들이 제대로 암송하고 있는지 확인하려면 내가 먼저 암송해야 했다. 〈흔들리며 피는 꽃〉 외에 모두 고등학생 때 암송한 시들이지만, 행사를 진행하면서 다시 암송했다. 11월 20일 당일에는 교사, 학부모도 참가해 풍성한 교과 통합 캠프를 진행했다. 시 암송대회 최우수상은 그 당시 고1이었던 김시연 학생이 도종환의 〈흔들리며 피는 꽃〉을 암송해 수상했다.

나는 동시(童詩)를 쓴 적이 있다. 동시는 어른이 어린이다운 심리와 정서로 동심의 세계를 표현하는 시다. 2007년 《아동문학평론》에 동시 10편을 제출해 2008년에 문단에 등단했다. 그중 〈엄마 생각〉 외 2편이 《아동문학평론》 봄호에 실렸다.

엄마 생각

책가방 모서리에
손톱 밑을 베었다.

빨간 핏방울이 볼록볼록
쿡쿡 쑤시며 화끈화끈

옆 짝꿍에게 보여주니
본 척 만 척
앞 친구에게 말해보니
들은 척 만 척
혼자 아프려니
눈물이 글썽글썽

참았던 엄마 생각에
눈물이 펑펑

핸드폰

정해진 숫자만 누르면
꿈만 같게도
보고 싶던 동생의
그리운 목소리 들려준다.

바로 옆에 있든
지구 끝자락에 있든
정해진 숫자를
차례로 누르기만 하면
그리운 그 목소리
내게로 싣고 온다.

필리핀 63, 독일 49
그런데 그런데
하늘나라는 몇 번일까?

하늘나라 가신 할머니 목소리는
몇 번을 누르면 들을 수 있을까?

걱정

막 잠이 들려는데
걱정이라는 애가 찾아왔다.

얼굴도 못생기고
목소리도 듣기 싫은 그 애는
날 일으키고 내 자리에 버젓이 누웠다.

난 밤새도록
그 애를 밀어내려 했지만
오히려 눈 크게 뜨고 큰소리치며
버티고 누워 있었다.

한밤 내내 난 꼼짝없이
걱정에게 잡혀 있었다.

다음은 그 후에 쓴 작품들이다.

꽃샘추위

내 동생 옹알옹알 옹알이할 즈음
동생만 예뻐하는 엄마 아빠 눈 피해
몰래 동생 볼 힘주어 당겨 본
내 손 시샘 손.

노란 개나리 노란 입 오물거릴 즈음
흰 목련 하얀 속살 드러낼 즈음
찬 바람 앞세워 한바탕 지나가는
시샘추위 꽃샘추위

개나리 노란 입이 내 동생 닮았을 거야
흰 목련 하얀 속살이 내 동생 닮았을 거야.

은행나무

노랗게 흩날리는 은행잎
그 아래 서 있으면
나도 한 그루 은행나무.

어쩜 이리 샛노랄까?
노란 모과 열매 익게 한
햇살이 그랬을까?
고개 숙인 벼 이랑이랑 지나던
바람이 그랬을까?

아하!
아지랑이 일어날 무렵
노란 개나리꽃 노란 병아리
그림 그리고 남은 물감
은행나무 아래
부어서 그렇구나!

인도 아동 권리 운동가 카일라시 사티아르티는 이렇게 말했다.

"유년 시절은 단순함을 의미합니다. 어린이의 눈으로 세계를 바라보세요. 정말 아름답거든요."

그렇다. 어린이는 때가 묻지 않았다. 그래서 어린이의 눈으로 세상을 바라보면 모든 것이 신기하고 아름다워 보인다. 어른인 내가 어린이의 눈으로 세상을 바라보기는 쉽지 않았다.

05

내가 누군가에게
희망이고 꽃이다

*

인류의 대다수를
먹여 살리는 것은 희망이다.

- 소포클레스 -

*

부모님이 연로하시다 보니, 가까이에 사는 자식들이 요일별 당번을 정해 부모님을 찾아뵙고 식사 및 약을 챙겨드린다. 요양보호사가 와서 도와주면, 자식들이 훨씬 수월하다. 하지만 어머니는 요양보호사에게 발 디딜 틈을 내어주지 않는다. 어머니의 자존심이다. 몸은 80대이지만 마음은 50대다. 젊은 시절처럼 무엇이든지 다 해낼 것 같은 마음이다.

자식들은 직장에서 퇴근하자마자 달려가야 한다. 회의나 출장이 있어 늦어질 때면 더욱 난처하다. 그래서 1년 전 요양 신청을 해서 요양보호사를 부르기만 하면 된다. 그런데 어머니가 허락해주시지 않는다. 어떤 때는 퇴근하고 곧장 집에 가서 푹 쉬고 싶을 때가 있다. 어떤 때는 몸이 아플 때도 있다. 힘들 때 이겨내는 방법은 딱 한 가지다. 이 생각만 하면 이길 힘이 생긴다. 樹欲靜而風不止(수욕정이풍부지) 子欲養而親不待(자욕양이친부대) 나무가 고요해지고자 하나 바람이 그치지 않고, 자식이 봉양하고자 하나 부모는 기다려주지 않는다.

내가 가까이에 살고 있고 운전도 하니, 부모님을 더 보살펴드리게 된다. 읍내에 나가 목욕도 시켜드리고 부모님이 좋아하시는 들깨 메밀국수도 사드린다. 미용실에 가서 염색과 파마, 이발을 하실 수 있도록 기사 노릇을 한다. 그리고 집에 모셔다드리면 하시는 말씀이 있다. "둘째 딸 안 낳았으면 어떡할 뻔했어. 바깥 구경도 못 하고, 집에만 갇혀 있을 텐데."

5년 전에는 집 앞마당이 자꾸 내려앉는 것 같다고 하셨다. 부모님은 집 아래 도로에 인도를 내어 그렇다고 하셨다. 자가수도가 있는 바닥 부분에 금이 가서 시멘트를 발랐다고도 하셨다. 수도요금은 10만 원 이상 나왔다. 분명 수돗물이 새는 것이다.

두세 차례 수도공사 하는 사람을 불러 어디에서 물이 새는지 찾아달라고 했다. 그런데 찾지 못했다. 그래서 탐지기를 통해 찾아내는 전문가를 불렀다. 탐지기로 앞마당과 수돗가 주변 등 차근차근 탐지했다. 청진기를 가슴에 대고 진료하는 모습과 흡사했다. 그렇게 20여 분 탐지하더니, 나에게 탐지기를 건네주며 귀에 꽂아 보라고 했다. 귀에 꽂아 보니, 땅속에서 '쿵쿵' 소리가 들렸다. 분명 물이 쏟아지는 소리였다. 공사를 빨리 시작해야 했다. 그래서 굴착기로 앞마당을 파야 했다. 그런데, 부모님이 허락하지 않으셨다. 수돗물이 그곳에서 샐 리가 없다는 것이다. 굴착기까지 동원될 필요가 없다고 했다. 그렇게 설왕설래하기를 10여 분, 내가 부모님을 설득하는 데 진땀을 뺐다. 드디어 굴착기로 파보니, 수돗물이 땅을 파내며 콸콸 쏟아지고 있었다. 하마터면 집이 무너질 뻔했다.

2년 전에는 아버지의 틀니를 바꿔드렸다. 그 부드러운 수박도 얇게 저며 달라고 하셔서 난 깜짝 놀랐다. 곧바로 치과에 갔다. 첫날은 상담과 치료, 둘째 날은 본뜨기, 셋째 날은 본뜬 것 끼워보기, 본뜬 것이 잘 맞지 않아 다시 조정하기, 넷째 날은 조정한 본 끼워보기, 틀니 맞추기, 다섯째 날은 틀니 끼우기다. 그 후에도 틀니가 좀 맞지 않는다고 하셔서 또 치과에 가야 했다.

나이가 들면 몸도 마음도 말을 잘 안 듣는다. 그래서 부모님을 도와드릴 일이 매우 많다. 전기요금, 수도요금, TV 시청료, 핸드폰 요금 등 매달 내야 하는 것은 통장에서 자동이체가 되도록 2001년도에 처리했다. 산과 밭, 주택 등 재산세는 챙겨서 내드린다. 2년 전만 해도 바다를 구경시켜드리면서 바닷가에서 국수도 드시게 했다. 그런데 지금은 밖에 나가시는 것을 힘들어하신다.

교사로 서해삼육중·고등학교에서 만나 같이 근무하고, 서울삼육고등학교에서 또 만난 내 인생의 선배 선생님이 있다. 정언 이필

옥 선생님이다. '정언(正言)'은 꼭 필요할 때에 행정관들에게 직언을 잘해 내가 붙여준 선생님의 '호'이다. 선생님을 만난 것은 내 교직 생활에서 행운이다. 내 삶에 늘 활력소를 주었기 때문이다. 즉 유머와 웃음, 삶의 지혜를 주신 분이다. 그리고 나를 친동생처럼 대해 주었다. 내가 서울을 떠나 광천으로 내려왔는데도 내 생일을 잊지 않고 케이크, 책, 옷 등을 보내주곤 했다. 선생님이 나를 얼마나 사랑하는지 내게 보낸 몇 통의 편지를 보면, 그 마음을 읽을 수 있다. 서울삼육고등학교에서 같이 근무할 때, 내 생일에 선생님이 보낸 편지 내용이다.

당신은 사랑받기 위해 태어난 사람.

당신은 복의 근원입니다.

나이는 나보다 두 해 아래이지만,

늘 이름값 하시는 김선옥(착할 선, 구슬 옥) 선생님!

선생님의 사고방식과 생활 자세는 늘 내 삶의 바로미터입니다.

객지 생활이 많이 불편하고 외롭겠지만,

꿋꿋하게 잘 생활하는 모습이 보기 좋아요.

오늘 하루 많이 행복하시길!

그리고 늘 건강하시고,

하나님의 축복 가득하시길 빌어요.

2010. 6. 16. 그대의 정신적 연인

또 서울삼육고등학교에서 근무할 때, 내 생일에 나를 울린 영어 교사 김혜연 선생님이 있다. 출근하자마자 교내에 있는 쉼터에서 만나자고 해 가보았다. 그런데, A4용지 한 장 한 장 넘기며 편지를 읽어주는 것이었다. 먼저 영어로 읽고, 그다음은 한글로 읽었다. 연인에게 읽어주는 것처럼 말이다.

Dear teacher Kim Sun Ok,

사랑하는 김선옥 선생님께

Have a very very happy day.

매우 매우 행복한 날, 하늘 끝까지 날아오를 만큼 기쁜 날 되세요.

Happy birthday to you, once again and

다시 한 번 선생님, 생신을 진심으로 축하드립니다.

May God bless your every day.

하나님께서 선생님의 매일매일을 축복하시기를 기도해요.

Thank you for listening to me even to my deep deep inside.

저의 깊은 곳까지 귀 기울여주셔서 감사해요.

Thank you for being there.

선생님, 선생님이 계셔서 감사합니다.

I think, I am just lucky to meet you.

제가 선생님을 만난 것은 행운이에요.

You taught me many things.

선생님께서는 제게 많은 것들을 가르쳐주셨어요.

The meaning of being a teacher

교사가 된다는 것의 의미

The meaning of fulfilling every moment

순간순간을 가득 채워 살아간다는 것의 의미

The meaning of caring others….

다른 사람을 사랑하고 돌봐준다는 것의 의미….

You taught me the meaning of understanding others….

선생님은 저에게 다른 사람을 이해한다는 것이 무엇인지, 그 의미를 가르쳐 주신 분이세요.

Happy birthday to you.

생신 축하드려요, 선생님.

You are always the best ever.

선생님은 언제나 가장 멋지십니다.

With love and respect. Hyeon June 16, 2010

사랑과 존경을 담아, 혜연

끝까지 다 읽었을 때, 난 벅찬 감동을 감당하지 못해 그 자리에서 울고 말았다.

20년 이상 같이 근무한 여교사가 있다. 내가 다른 지역으로 발령나 근무하다가 다시 돌아와 보니, 계속 서해삼육중·고등학교에서 근무하고 있었다. 올해 점심시간에 만났을 때다. 영어 교사로 온제자가 있는 자리에서 나에게 "선생님은 예나 지금이나 늘 한결같으세요. 학생들을 사랑하는 마음이 늘 변함이 없거든요. 그래서 제가 학생들에게도 이야기했지만, 저의 롤모델은 바로 선생님이에요"라고 했다. 난 깜짝 놀랐다. '롤모델'이라는 단어까지 쓸 줄은 몰랐다. 교직 말년에 보너스를 받는 기분이었다. 교직 생활의 보람이 배로 늘었다. 이 선생님은 한 교무실에서 같이 근무하는데도 서너 통의 편지를 내게 보냈다. 그중, 한 편지 내용의 일부다.

제가 정말 감사한 마음으로 학교생활하고 있는 것 아시죠?
제가 창체부 업무에 아무것도 몰라 자주
부장님을 당황하게 만들고 있지만,
마음만은 항상 최선을 다하며 일하고 있어요.
부끄럽지만, 저의 이런 마음을 이해해주시리라 믿습니다.
부장님께서 너그럽게 대해 주시고,
업무를 친절하게 잘 가르쳐 주셔서 늘 감사한 마음뿐입니다.
매일 많은 업무로 부장님이 힘들어하시고,

피곤해하시는 모습을 보면 제가 죄송한 마음입니다.

큰 도움을 드리지는 못하지만,

옆에서 힘이 되어 드리겠습니다. 힘내세요.

부장님은 막강한 힘을 지닌 창제부의 힘이니까요.

부장님을 위해 항상 기도합니다.

가끔 심심할 때 드시라고 작은 선물 준비했어요.

약소하지만 맛있게 드세요.

오늘은 어제보다 더 행복하시길 바랍니다.

부장님과 함께 근무해서 매우 행복합니다.

그리고 정말 감사합니다.

2012년 5월 16일,

부장님이 계셔서 행복한 오미숙 올림

오래 전에 담임했던 제자로부터 전화가 걸려왔다.

"선생님! 저 박종민입니다. 선생님 뵙고 싶어 전화드렸습니다. 지금 어느 학교에 계세요?"

"종민아! 오랜만이다. 잘 있었어? 서해삼육중·고에 있어. 지금 어디에서 살아?"

"대천입니다. 저 그동안 돈 많이 벌었어요. 그래서 선생님 식사 대접해드리고 싶어요."

"그래? 고맙다. 결혼은 했어?"

"예! 저 했습니다. 결혼해서 자식도 낳고 잘 살고 있습니다."

"친구 윤형이도 잘 있어?"

"예! 그 친구는 서울에 있습니다. 연락하면서 잘 지내고 있어요."

"식사 비싼 것 사드리고 싶습니다. 선생님이 우리 짜장면 사주셨잖아요, 탕수육까지."

"짜장면 사준 것은 기억나는데, 탕수육도 사줬나!"

"예! 그때 감사했습니다. 뭐 드시고 싶으세요? 비싼 것 드세요."

"윤형이와 같이 만나면 좋겠어. 시간 될 때 만나자고 연락해봐."

"네! 연락해서 그 친구와 같이 찾아뵙겠습니다. 감사합니다."

사무엘 존슨은 이렇게 말했다.

"우리는 모두 누군가를 기쁘게 한다는 희망 위에서 산다."

자식은 부모를 기쁘게 하려는 희망 위에서 살고, 부모는 자식을 기쁘게 하려는 희망 위에서 산다. 직장 동료는 동료를, 제자는 스승을, 스승은 제자를…. 우리는 모두 누군가에게 희망이고 꽃으로 살고 있다. 언제나 가는 곳에 선한 영향력을 끼쳐, 그 누군가에게 희망이고 꽃이다.

06

하나님이 계획한
타이밍을 깨닫다

*

하나님이 성도에게 비전을 주실 때마다 그분은
성도를 자신의 손 그늘에 숨기신다.
그러므로 성도가 할 일은 잠잠히 귀 기울이는 것이다.

- 오스왈드 챔버스 -

*

세월이 참 빠르다. 아침인가 하면 벌써 밤이고, 밤인가 하면 아침이다. 가는 세월을 붙잡는 방법은 없을까? 그것은 하나님이 내게 맡기신 일을 미루지 않고 하는 것이다. 나를 향한 하나님의 계획이 분명히 있기 때문이다. 전도서 3장 11절에 이런 말씀이 있다.

"하나님이 모든 것을 지으시되 때를 따라 아름답게 하셨고, 또 사람들에게는 영원을 사모하는 마음을 주셨느니라. 그러나 하나님이 하시는 일의 시종을 사람으로 측량할 수 없게 하셨도다."

20여 년 전, 1996년 3월에 영남삼육고등학교로 발령이 나 힘겨운 3년을 보냈다. 아이들과 떨어져 산다는 것은 한마디로 고통이었다. 친정어머니께서는 내가 경북에 있는 동안 애간장이 타셨는지, 내가 광천으로 오면 교회 다니겠다고 하셨다. 이듬해 발령이 났고, 정말로 어머니는 교회에 다니셨다. 그리고 침례도 받으셨다. 그 후 난 아버지께 일만 하시지 말고, 어머니와 같이 교회 다니시라고 말씀을 드려왔다. 그렇게 하기를 꼭 20년이 지난 작년, 아버지는 6월부터 교회에 나가시기 시작했다.

난 아버지와 나란히 앉아 목사님이 가르쳐 주시는 침례공부를 했다. 아버지와 나란히 앉아 공부하는 그 자체만 해도 감동이지만, 박문복 목사님의 말씀이 찬미가에 나오는 '달고 오묘한 생명의 말씀'이었다. 난 한 말씀도 놓치지 않으려고 노트에 적고 또 적었다. 이렇게 화요일과 금요일 퇴근 후에 친정집에서 공부하다가 아예 교회에 나가 예배드리기 전 30분 동안 공부했다. 그렇게 공부하기를 약 2개월이 지난 후, 드디어 침례 날짜를 받았다.

2019년 8월 10일. 침례 날짜를 받고 나니, 더욱 긴장되었다. 노인들은 밤사이 무슨 일이 일어날 수도 있기 때문이다. 침례일을 기다리면서 맨손으로 잠자리를 잡던 어린 시절이 생각났다. 나뭇가지에 앉아 있는 잠자리를 잡기 위해 오른손 엄지와 집게손가락을 펴고 한 발자국 한 발자국 숨죽이며 다가갔던 때를. 시편 90편 10절에 이런 말씀이 있다.

"우리의 연수가 칠십이요 강건하면 팔십이라도 그 연수의 자랑은 수고와 슬픔뿐이요. 신속히 가니 우리가 날아가나이다."

양광모 시인은 삶과 죽음에 대해 "삶이란 우산을 펼쳤다 접었다 하는 일이요, 죽음이란 우산을 더 이상 펼치지 않는 일이다"라고 표현했다. 아버지 연세 87세, 아버지도 우산을 더는 펼치지 않는 날이 다가올 것을 알기에 마음이 조급해졌다. 그래서 침례일인 8월 10일이 가까워질수록 기도를 더욱 많이 해야 했다. 어느 날은 교회 안 다니면 안 되겠냐고 아버지의 어려움을 토로하셨다. 어느 날은 침례 안 받고 교회 다니면 안 되겠냐고 제안하기도 하셨다. 난 매주 토요일 8시 50분에는 어김없이 모시러 올 테니, 준비하고 계시라고 단호하게 말씀드렸다. 그렇게 침례공부를 하고 8월 10일이 되었다. 내가 늘 과제로 안고 있던 꿈에 그리던 침례를 드디어 아버지가 받게 되었다. 아버지가 흰옷으로 갈아입고 장로님의 도움을 받아 천천히 물속으로 걸어 들어가신다. 목사님은 이미 물속에서 아버지를 기다리고 계셨다. 드디어 아버지가 물속에 잠겼다가 목사님이 일으켜 세우셨다.

침례를 받고 물에서 올라오신 아버지가 옷을 갈아입기 위해 탈의실로 가셨다. 그런데 탈의실에서 나오실 충분한 시간이 되었는데, 나오시질 않아 탈의실 쪽으로 몇 발자국 가보았다. 곁에 목사님과 장로님이 서 계셨고, 남동생이 조용히 아버지의 젖은 머리를 하얀 수건으로 닦아드리고 있었다. 그때 나는 숨이 멎는 줄 알았다.

신생아실에서 간호사가 갓 태어난 아기의 머리를 수건으로 닦아주는 모습을 본 것이다. 아버지의 희끗희끗한 머리에서 갓 태어난 신생아의 머리가 보였다. 아버지가 분명 다시 태어나셨다. 조금 전 물에서 올라오시면서 다시 태어나신 것이다.

'아버지' 하면, 어린 시절의 여러 장면이 떠오른다. 그중에 한 장면은 아궁이에 불을 때던 시절, 안방 아랫목이 따뜻해, 부채꼴 모양으로 온 가족이 한 이불을 덮고 자던 때가 있었다. 새벽이 되면 아랫목도 식어 몸을 웅크리고 자야만 했다. 그러면 아버지는 소여물도 쑬 겸, 아랫목을 따뜻하게 하려고 캄캄한 새벽에 일어나신다. 새벽에 입을 옷을 저녁에 기억해두신 것처럼, 불도 켜지 않고 옷을 하나씩 하나씩 입으신다. 이렇게 일찍 일어나서 아궁이에 군불을 지펴 소여물을 쑤곤 하셨다. 아궁이에 불을 지피면 서서히 방바닥이 따뜻해져 웅크리고 자던 우리들의 몸이 스르르 펴졌다.

아버지는 일만 하셨다. 평생 일만 하셨기에, 아버지가 교회에 나가시는 것은 다른 세상에서 사시는 것과 같다. 침례는 아버지 인생에서 '최고의 선물'이었다. 하늘에 가실 수 있는 열쇠인 최고의 선물을 받으시게 된 것이다. 앞으로는 일하지 말고 교회만 다니시라고 말씀드렸더니, 어린아이처럼 좋아하셨다. 잠언 16장 9절에 이런 말씀이 있다.

"사람이 마음으로 자기의 길을 계획할지라도 그 걸음을 인도하시는 이는 여호와시니라."

작년에 아버지가 침례를 받은 이후에 인생은 퍼즐이라는 생각이 들었다. 그리고 이 모든 것이 하나님의 계획에 있다는 것을 깨닫게 되었다. 친정어머니의 침례를 위해 나를 멀리 경상도로 발령 나게 해, 어머니가 딸이 광천으로 오게 해달라고 기도하면서 교회에 나가셨고 침례도 받으셨다. 이제 와 생각해보니 경상도에 있을 때의 그 3년이 고생만 한 시간이 아니었다. 어머니께 최고의 선물을 안겨 드리기 위해 하나님께서 나를 도구로 쓰셨다는 것을 20여 년이 지나 이제야 깨닫게 되었다.

이렇게 퍼즐 조각 하나를 발견하고, 또 찾아 맞추기 시작했다. 하나씩 맞추다 보니, 내 인생 전체 그림이 궁금해졌다. 하지만 전도서 3장 11절에 "하나님이 하시는 일의 시종을 사람으로 측량할 수 없게 하셨다"라는 말씀이 있으니, 내 인생이라도 내가 어찌 측량할 수 있겠는가! 내 인생을 하나님께 맡기는 수밖에. 퍼즐 조각 하나 또 하나 맞추다 보면, 나에게도 다시는 우산이 펼치지 않는 날이 오게 될 텐데, 그때는 하나님이 계획하신 대로 내 인생 퍼즐이 모두 완성되는 것이다. 〈하나님 계획은〉이라는 찬미가의 가사가 생각난다.

"하나님 계획은 오묘하셔서 우리가 측량할 수 없으며

하나님의 뜻은 분명하셔서 우리가 거역할 수 없도다.

하나님의 은혜는 너무 크셔서 우리를 상하게 아니 하시네

하나님의 약속은 변함없어서 우리를 실망시키지 않으시네."

하나님께서는 우리를 들어 쓰시기 위해 준비과정을 가지신다. 우리가 고난에 처하게 되면 이것은 하나님에서 쓰시기 위해 준비과정에 들어갔다고 생각해야 한다. 그리고 하나님을 향해 잠잠히 귀 기울이면 된다. 그 준비과정이 마쳐지면 곧 하나님께서 쓰실 것이다.

07

시련은 변형된
축복으로 나타난다

*
내 형제들아. 너희가 여러 가지
시험을 당하거든 온전히 기쁘게 여기라.
- 야고보서 1장 2절 -
*

우리는 사건과 사고가 많은 세상에서 살고 있다. 아침에 일어나 뉴스를 들어보면 간밤에도 사고가 난 것이다. 이런 사고가 가족에게 일어났다면 어떠할까? 가족 중에 한 사람만 사고가 발생해도 가족 전체의 고통이 되고 시련이 된다. 그 고통이 크면 클수록 가족이 겪는 시련은 참으로 크다. 그리해 어떤 사람은 감당하기 어려운 시련으로 인해 오랫동안 트라우마로 남아 시달리기도 한다. 뼛속까지 스며드는 고통으로, 도저히 아픔을 딛고 일어설 수 없을 지경에 놓이기도 한다. 그러나 이 사람들에게 시련이 축복으로 변형되어 나타난다고 감히 말할 수 있다. 바로 성경 속의 인물, 요셉의 삶을 통해서이다.

요셉에게는 12형제가 있었다. 그들 중 10명은 이복형제들이다. 아버지 야곱은 다른 아들들보다 요셉을 더 사랑하여, 요셉에게만 정교하게 수놓은 채색 옷을 입혔다. 이 같은 아버지의 편애로 형들은 요셉을 미워하기 시작했다. 또한, 요셉이 자신이 꾼 꿈 이야기를 형들에게 전하자, 형들은 요셉을 더욱 미워했다.

요셉의 첫 번째 꿈은 형들과 곡식단을 묶고 있는데, 갑자기 요셉의 단만이 똑바로 일어서고, 다른 단들이 요셉의 단에 절하는 꿈이다. 두 번째 꿈은 해와 달, 그리고 열한 별들이 일제히 요셉에게 절하는 꿈이다. 요셉의 이 두 꿈은 장차 큰 지도자가 될 것임을 암시했다.

요셉에 대한 미움과 시기심이 점점 쌓이다 보니, 형들은 요셉을 살해할 음모까지 꾸미기 시작했다. 마침내 형들은 요셉을 붙들어 채색 옷을 벗기고 구덩이에 던져 버렸다. 깊은 구덩이에 빠졌을 때, 요셉은 처음으로 시련을 경험하게 된다. 요셉이 구덩이 속에서 할 수 있는 일은 아무것도 없었다. 기어 나올 수도 없었고, 누구에게 도움을 청할 수도 없었다. 요셉이 할 수 있는 일은 오직 하나님을 신뢰하며 기도하고, 시련의 교훈을 배우는 것뿐이었다. 그때 애굽으로 향하던 미디안 대상이 지나가고 있었다. 형 가운데 한 명인 유다가 제안했다.

"죽이기보다는 노예상에 팔아 돈이나 버는 것이 어때?"

그래서 사람이 팔린 값이라고 하기에는 너무나 적은 은화 20냥에 팔린 요셉은 애굽으로 끌려갔다. 그리고 무역상들은 애굽 왕 바로의 신하인 보디발에게 요셉을 또 팔아넘겼다. 그러나, 놀라운 일은 요셉이 가는 곳마다 하나님은 축복으로 인도하셨다. 보디발은 경건하고 성실한 요셉에게 집안의 종들을 다스리는 임무를 맡겼다. 그 후 보디발 아내의 거짓말로 요셉이 억울하게 투옥되기도 했으나, 하나님은 요셉을 잊지 않고 지도자가 되기 위한 준비를 시키셨다.

요셉이 투옥되어 감옥에 있는 동안, 바로는 두 차례에 걸쳐 악몽에 시달렸는데, 바로의 꿈은 이러했다. 바로가 나일강가에 서 있는데, 아름답고 살진 일곱 암소가 강가에서 올라와 갈밭에서 뜯어먹고 있었다. 그 뒤에 또 흉악하고 파리한 다른 일곱 암소가 나일강가에서 올라와 그 소와 함께 나일강가에 서 있더니, 아름답고 살진 일곱 소를 먹은지라. 바로가 꿈에서 깨었다. 다시 잠이 들어 꿈을 꾸니, 한 줄기의 무성하고 충실한 일곱 이삭이 나왔다. 그 후에 또 가늘고 동풍에 마른 일곱 이삭이 나오더니, 무성하고 충실한 일곱 이삭을 삼킨지라. 바로가 깨어 보니 꿈이었다. 바로의 이 꿈을 해석하는 자가 아무도 없었다. 그러나 요셉이 바로에게 불려가 왕의 꿈을 정확하게 해석했다.

"애굽 땅에 7년간의 풍년에 이어 7년간의 기근이 닥칠 것입니다. 그러니 풍년 기간에 양식을 비축해둔다면 7년간의 기근을 무난히 넘길 수 있을 것입니다."

요셉은 진실로 하나님께서 모든 것을 주관하시고, 바로의 꿈마저도 주관하신다는 것을 믿었기에 정확한 해석이 가능했다. 하나님과 동행하는 사람은 하나님께서 삶의 모든 것을 주관하고 계시다는 것을 잘 알고 있다. 요셉이 그러한 사람이었다. 요셉이 비록 험난한 상황에 있다 하더라도, 하나님께서 자신의 삶을 온전히 주관하고 계시다는 것을 믿었다. 하나님의 인도하심에 따라 요셉은 마음의 평안을 가질 수 있었다.

바로는 자신의 꿈을 해석한 요셉의 지혜에 큰 감명을 받았다. 그래서 30세인 히브리인을 애굽 전역에서 두 번째로 강력한 지도자의 자리에 앉혔다. 요셉이 노예로 팔린다는 것은 큰 고통이요 시련이었지만, 지도자가 되기 위한 준비과정이었다.

시련이 축복으로 변형되어 나타난다고 말할 수 있는 또 하나의 예는 '오스 힐먼'의 삶이다. 오스 힐먼은 저서 《하나님의 타이밍》에서 자신이 14세였던 1966년의 9월, 집에서 TV를 보고 있다가 갑자기 뉴스 속보가 나온 이야기를 들려준다.

'테레시 산악 지대에서의 비행기 추락사고로 세 명의 저명한 사업가들이 사망.'

그는 아버지의 사망 소식을 그렇게 알게 되었다. 오스 힐먼은 아버지 없이 자라는 과정이 힘들고 고통스러웠다고 한다. 아버지를 사랑했고, 또 아버지가 필요한데, 왜 하나님이 아버지를 그렇게 갑자기 데려가셨는지 이해할 수 없었다. 아무리 생각해도 그 죽음을

'축복'으로 여길 수는 없었다고 한다. 그런데 비극으로부터 생기는 축복들을 계속해서 봐왔기 때문에, 아버지가 돌아가신 이후로, 하나님은 자신으로 하여금 일찍이 아버지를 여윈 사람들을 많이 만나게 하셨다고 한다. 자신의 경험으로 자신과 유사한 아픔을 겪는 이들과 곧바로 어울릴 수 있었고, 다른 사람들이 잘 이해하기 힘든 경험을 함께 나누었다.

그는 별거와 이혼 기간에도, 예전에 결코 알지 못했으며, 극복할 수 있으리라고는 상상하지도 못한 정서적인 고통을 경험했다고 한다. 그리고 하나님은 다른 사람들의 축복을 위해 자신의 고통을 이용하셨다고 한다. 결혼 위기에 직면한 사람들과 대화할 때, 행복한 결혼생활을 하는 사람들은 결코 할 수 없는 방식으로 그들을 이해했으며, 그들을 격려할 때에도 자신의 경험에서 나오는 말로 했다고 한다. 최근에 이혼한 사람에게 이혼 이후의 삶이 엄연히 존재함을 말할 때도 그들은 자신의 말을 신뢰해주었다고 한다.

7년간의 재정적인 역경을 겪을 때도 축복이었다고 말할 수는 없지만, 하나님은 다른 이들에게 축복을 전하시고자 자신의 시련을 이용하셨다고 말하고 있다. 이로써 사업 실패나 재정적인 손실을 당하는 어떤 사람을 만날 때는, 서로를 묶어주는 공감대가 곧바로 형성되었다는 것이다.

하나님은 우리의 온갖 역경들, 곧 심장마비, 암, 자동차 사고, 중범죄, 파산, 사랑하는 사람과의 사별 등을 취해 그 고통을 주변 사람들을 위한 축복으로 변화시키실 수 있다고 오스 힐먼은 말한다. 그리고 이런 경험을 통해 다른 이들을 더 잘 위로하고 격려할 수 있게 된다고 한다. 역경이 결코 축복일 수는 없지만, 하나님은 은혜 가운데 역경으로부터 축복을 이끌어내실 수 있다고 강조해서 말하고 있다.

이렇게 시련을 겪는 중에도 하나님이 늘 함께하신다는 것이다. 그러므로 어떤 상황에서도 희망을 잃어서는 안 된다. 하나님이 우리에게 바라시는 것은 하나님의 관점에서 시련을 바라보는 일이다. 인간의 눈으로 보면 도저히 이해할 수 없는 일들이 이 땅에 참으로 많다. 하지만 하나님의 관점으로 바라보면 큰 시련도 이해가 된다. 큰 시련을 통과하는 동안, 하나님의 창조 목적에 걸맞은 사람으로 재탄생되기 때문이다.

어떤 사람은 작은 시련 앞에서도 주저앉는다. 그러나 어떤 사람은 큰 시련 중에도 잘 견뎌서 끄떡없이 일어선다. 그리고 새로운 인물이 되어 큰일들을 이룬다. 그러므로 시련의 크고 작음이 문제가 아니라, 시련을 어떤 마음가짐으로 받아들이느냐에 따라 시련 이후의 삶의 모습이 확연히 달라진다.

요셉이나 오스 힐먼의 삶을 통해서 분명히 시련은 변형된 축복으로 나타난다는 것을 알 수 있다. 그러므로 우리가 해야 할 일은 시련을 겪을 때, 우리의 눈으로 시련을 보지 말고 하나님의 관점으로 그것을 보는 일이다. 이 말은 또한 큰 시련을 겪고 있을 때, 인간의 위로는 그 큰 아픔을 치유하기에는 매우 부족하다는 의미이기도 하다. 아픔이 너무 커서 삶에서 트라우마로 남았을 때, 온전히 치유해주실 분은 하나님이시다.

은퇴를 앞두고
두 번째 성공을 꿈꾸는 이유

*
성공은 수고의 대가라는 것을
기억하라.
- 소포클레스 -
*

　1996년 3월에 경북 경산시에 있는 영남삼육고등학교로 발령이
났다. 국어 교사는 국어 수업만 하는 것이 아니라, 교외 글짓기대
회가 있으면 학생을 지도해 출전시킨다. 그런데 백일장은 어떤 글
제가 주어질지 몰라 지도하기가 쉽지 않다. 대회 당일에 모인 장소
에서 글제를 제시하기 때문이다. 그래서 여러 문학작품을 감상하게
하고, 어떻게 쓰고, 어떤 방법으로 글제를 풀어나갈지 감각을 익히
도록 지도한다. 그리고 원고지 작성법도 지도한다.

　백일장 당일, 학생들을 인솔해 현장으로 갔다. 각 학교 지도교
사의 인솔하에 많은 학생이 모여들었다. 이렇게 학생들이 많은데,

수상한다는 것은 쉽지 않겠다는 생각이 들었다. 대회가 시작되고 글제가 주어졌다. '나뭇잎에 반짝이는 햇살'이었다. '우리 학교 학생들이 잘 쓰고 있을까?' 긴장하면서 현장을 지키고 있었다. 지도 교사들은 학생들이 있는 교실에 들어갈 수 없다. 밖에서 기다려야 한다. 드디어 백일장이 끝났고, 우리 학교 학생들이 한두 명씩 내가 있는 곳으로 모여들었다. 글을 어떻게 썼냐고 물어보니, 약속이나 한 듯이 최선을 다해 썼다고 대답했다.

며칠 후, 백일장 심사 결과가 공문으로 왔다. 두근거리는 마음으로 공문을 열어보았다. 여러 학교에서 참가했기 때문에 큰 기대는 걸지 않았다. 그런데 우리 학교 학생이 경산시 백일장에서 산문부 '대상'을 받은 것이다. 대상 옆에 지도 교사상도 있었다. 이 학생은 당시 내가 담임을 맡고 있던 여학생으로, 공부도 잘하고 생활 태도도 바른 모범생이었다. 그 학생의 대상 수상작을 소개한다.

고등부 백일장 산문부 대상

나뭇잎에 반짝이는 햇살

영남삼육고등학교 1학년 손정윤

비가 온 후 하얗게 내리쬐는 햇살을 본 적이 있는가?
그 하얀 햇살에 자신의 몸을 맡기고 찬란히 빛나는 나뭇잎을 본

적이 있는가? 모진 비바람을 힘겹게 이겨내고 드디어 쬐어보는 그 햇살, 그래서 더욱 찬란하게 반짝이는 것이리라.

우리는 궂은 비바람과 무서운 태풍과 힘든 인내를 경험하며 살아간다. 시험, 공부, 다툼, 갈등 등 우리가 견뎌야 할, 거치고 가야 할 일들이 너무 많다. 하지만 우리는 이러한 일들을 어떻게 받아들이고 있는가? 이 고통이 나에게 너무 크고 견뎌낼 수 없는 일이라 생각하고 있지는 않는가? 그 일들 때문에 내가 불행하다고 생각하고 쉽게 포기하고 있지는 않는가?

심한 태풍으로 인해 뿌리까지 뽑혀 길가에 나동그라져 있는 나무 한 그루를 본 적 있다. 태풍 후에 어김없이 따스한 햇살이 내리쬐었고, 다른 나무들은 견디어 낸 성취감과 흐뭇함으로 어깨를 쫙 펴고 햇살에 반짝였다. 하지만 뽑혀버린 그 나무는 길가에서 사람들의 통행에 방해만 될 뿐이었다. 곧 시들어, 햇살은 비쳤지만 더 이상 반짝이지 않았다. 더 이상 빤짝일 수가 없었다. 다른 나무들이 다 견디어 낸 그 태풍을 견디지 못한 결과인 것이다.

우리도 지금 이와 같은 경험을 하고 있다. 이 세상을 살아나가는 우리 모두는 태풍 속에서 견뎌야 하는 한 그루의 나무들이다. 우리가 이 태풍 같은 인생을 어떻게 살아나가느냐에 따라 우리의 결과가 달라지는 것이다.

어떤 결과를 원하는가? 태풍에 다 뽑혀버린 그 나무가 되고 싶은가? 아니다. 아닐 것이다. 한번 부딪쳐보자. 포기하지 말고, 피할 수 없는, 반드시 거쳐가야 할 이 고통과 폭풍을 인내로 이겨나가자. 그렇게 했을 때, 따스하게 내리쬐는 햇살에 우리의 인생의 나뭇잎이 찬란히 빛나게 된다.

지금 다시 읽어 봐도 잘 썼다는 생각이다. 그 당시 고1이었는데, 이렇게 기특하게 쓸 줄이야! 이 학생의 진로에 대해 상담을 했었다. 약사와 교사 중, 결정하지 못해 고민하고 있었다. 교사인 나는 약사보다 교사를 추천했다. 교사는 제자를 가르치는 보람이 있어, 힘은 들지만 후회하지 않을 것이라고 했다. 그 후 교원대학교에 들어갔고, 지금 교직에 있다.

3년 후 난 다시 충남 광천에 있는 서해삼육고등학교로 발령이 났다. 국어 교사이니, 또 학생들 교외 글짓기대회 참가 지도를 해야 했다. 이번에는 '효' 관련 글짓기대회가 있었다. 이 대회에 참가해야 하는 정아린 학생이 얼마나 바쁜지 지도할 시간이 나지 않았다. 수업을 마치면 집에 가서 동생들을 돌보는 학생이었다. 그렇다고 다른 교과 수업 시간에 나오라고 해서 지도할 수도 없었다. 글짓기 지도를 미루고 미루다가 참가하기 하루 전에 만났다.

"내일 '효' 관련 교외 글짓기대회에서는 어렵게 생각하지 말고 효를 실천한 경험을 동생에게 말하듯 스토리로 전개했으면 해. 한

편의 이야기를 쓴다고 생각하면서 편안한 마음으로 쓰고 오렴!" 했다. 이렇게 짧게 지도한 것은 내 교직 생활에서 처음이었다. 그런데 '대상'을 받아온 것이다. 이 여학생에게는 동생들이 세 명이나 있었고, 집에 가면 늘 어머니를 도와드리는 효녀였다. 이런 가정환경이 수상에 큰 도움이 된 것이다. 수상 소식을 듣고 얼마나 기뻤던지, 그때를 회상하면 지금도 행복해진다.

'나의 주장 말하기대회'도 있었다. 이 대회도 물론 교외 대회다. 말하자면 웅변대회인데, 11월 추운 날씨에 특별실에서 날마다 방과 후에 연습을 시켰다. 이런 대회가 있으면 먼저 원고를 쓰게 하는데, 전달하고자 하는 핵심 내용을 담게 한다. 그리고 원고를 퇴고하고 또 퇴고해 자연스러운 문장으로 만든다. 그런 다음 학생에게 모두 외우게 한다. 그렇게 하루에 1시간씩 1주일 연습하니까 원고를 모두 외웠다. 그리고 감정과 강약, 제스처까지 넣어서 완벽하게 나의 주장 말하기대회를 준비했다. 출전하기 바로 전에는 교실에 들어가서 급우들 앞에서도 연습시켰다. 드디어 학생부장인 장완섭 선생님이 인솔해 대회장에 나갔다. 다른 학교에서도 모두 준비시키고 연습해 출전하기 때문에 수상은 누가 더 좋은 원고인가와 누가 더 많이 연습했는가에 달려 있다. 감사하게도 우리 학교 학생이 '대상'을 받고, 상금도 50만 원을 받아왔다.

경기도 구리시에 있는 서울삼육고등학교에서 근무할 때는 영어 말하기대회에 참가할 학생의 원고를 영어 선생님이 내게 가지고 와 보였다. 나는 원고를 쓴 정해진 학생을 불러 최고의 원고가 되도록 다듬고 또 다듬도록 지도했다. 이렇게 퇴고를 마친 원고를 영어 선생님의 도움을 받아 영작했다. 그리고 완전히 외워서 대회에 출전한 결과, '대상'을 수상했다. 영어 교사가 지도를 잘해서 받았지만, 나도 한몫을 했으니 교사로서 보람이 있었고, 내가 수상한 것처럼 기뻤다. 이렇게 학생들이 수상하면, 교사들은 밥을 먹지 않아도 배부르다.

정년퇴직을 앞두고 지나온 삶을 회상해보니, 목사, 의사, 교사, 사업가를 비롯해 훌륭하게 성장한 제자들이 전국 각지에 많이 있다. 이런 제자들 생각만 해도 흐뭇하다. 물론 제자들이 내 도움만으로 훌륭하게 된 것은 아니지만, 내 제자들임은 틀림없다. 교직 생활에서의 성공과 보람은 이 정도면 만족한다.

이제 두 번째 성공을 꿈꾸고 있다. 내가 꿈에 그리던 책 쓰기를 시작한 것이다. 책을 쓰기 전에는 책을 써야겠다는 막연한 생각만 했었다. 그런데 책을 쓰고 있는 지금, 얼마나 행복한지 가슴이 뛰고 있다. 학생들에게 진로를 정할 때 가슴 뛸만한 일을 찾으라고 지도한 적이 있다. 그래야 자신의 인생이 즐겁고 행복하다고. 그런데 지금 내가 책을 써보니, 가슴이 뛰는 것을 느낀다. 학생들에게 말한 가슴 뛰는 삶을 내가 시작했으니, 이것이 두 번째 성공을 꿈꾸는 이유다.

"성공은 최종적인 게 아니며 실패는 치명적인 게 아니다. 중요한 것은 지속하고자 하는 용기다."

윈스턴 처칠의 말이다. 난 책을 쓰며 제2의 인생을 살고 있다. 책 쓰기가 나에게 이렇게 큰 기쁨과 행복을 가져다줄 줄은 몰랐다. 앞으로의 내 인생은 책 쓰기 인생이다. 즉, 작가로 살아가는 삶이다. 작가로 살아갈 용기가 생겼다.

4장.

_____

그동안 몰랐던
책 쓰기의
8가지 유익

01

매일 독서하는 삶으로
이끌다

*
선박 없이 해전에서 승리할 수 없는 것 이상으로,
책 없이 사상전에서 이길 수는 없다.

- 프랭클린 루즈벨트 -
*

직장생활에 바쁘다 보니, 1년에 2~3권 읽으면 '올해는 책 좀 읽었구나!' 할 때가 많았다. 책 한 권 읽지 못하고 한 해를 보낼 때도 있었다. 이렇게 시간을 보내다가는 크게 후회하는 날이 오겠다는 생각에 책을 읽기 위한 〈학부모 독서아카데미〉를 진행한 적이 있다. 한 달에 1권씩 책을 읽고 학교에 모여서 독서 토론을 하는 독서 모임이다. 이때는 연 10권 이상 읽었다.

독자와 저자 중 누가 책을 더 많이 읽을까? 독자는 책만 읽으면 되니까, 독자가 책을 더 많이 읽을 것으로 생각할 것이다. 내가 그렇게 생각했다. 그런데 내가 책을 쓰고 있는 지금, 내 생애에서 가장 많은 책을 읽고 있다. 책 속에는 무궁무진한 사상과 글쓰기 자료가 들어 있기 때문이다. 내가 경험해보지 못한 진주 같은 삶의 지혜들이 책 속에 묻혀 있었다. 여러 권의 자기계발서를 읽으니, 내 머릿속을 세탁한 기분이다. 《내가 100억 부자가 된 7가지 비밀》을 쓴 김도사는 이렇게 말했다.

"한 권의 책을 쓰기 위해서는 최소한 백 권의 책을 읽어야 한다. 장르가 소설이나 에세이라면 몰라도 그렇지 않은 자기계발서나 자녀교육서와 같은 실용서라면 다양한 콘텐츠와 자료가 필요한 법이다."

직장에서 퇴근하고 집에 도착하자마자 저녁 먹는 것도 잊은 채, 이 책을 읽기 시작했다. 새벽 2시가 되어 '조금 누웠다가 읽어야지' 하다가 잠이 들었다. 눈을 떠 보니 새벽 5시. 이어서 읽기 시작해 아침 7시에 독서를 마쳤다. 이렇게 퇴근 후, 하룻밤에 한 권을 다 읽어내는 일은 내 생애에서 드문 일이다. 이 책을 읽으면서 때로는 눈시울이 뜨거워지고, 때로는 영화를 보는 것 같기도 했다. 여러 사건으로 엮어진 이야기들이 손에서 책을 놓지 못하게 했다.

한 권의 책을 읽으면 그 저자의 다른 책도 읽게 된다. 《신용 불량자에서 페라리를 타게 된 비결》, 《김대리는 어떻게 1개월 만에 작가가 됐을까》 등이다. 김도사가 250여 권의 저서를 남기기까지 꿈을 실현하는 결정적인 비밀의 키(Key)는 '자신에 대한 믿음', '지독

한 노력과 잠재력 계발'이었다. 또한 '꿈을 향해 직진하는 것, 담대하게 도전하는 것, 극한의 순간까지 버티는 것, 비빌 언덕이 없으면 자신이 만드는 것, 인생의 초점을 미래에 맞추며 사는 것'이었다. 하나 더 추가한다면 '젊어서 고생은 사서 하는 것'이었다. 꿈을 꾸지 않고, 꿈에 도전하지 않았다면 그렇게 많은 고생을 하지는 않았을 것이다. 작가의 꿈을 실현하기 위해 치열한 삶의 전쟁을 치러야 했다.

그 외에도 하우석의 《내 인생 5년 후》, 셰인 스노의 《스마트 컷》, 브렌든 버처드의 《백만장자 메신저》, 한국석세스라이프스쿨 대표 권동희의 《미친 꿈에 도전하라》, 이은화의 《직장인, 딱 3개월만 책 쓰기에 미쳐라》, 나폴레온 힐의 《놓치고 싶지 않은 나의 꿈 나의 인생》 등 올해 여러 권의 책을 읽으면서 가슴이 뛰는 것을 느꼈다. 《내 인생 5년 후》와 《놓치고 싶지 않은 나의 꿈 나의 인생》, 《직장인, 딱 3개월만 책 쓰기에 미쳐라》는 전에 읽은 책들이었는데, 다시 읽으니 그 느낌이 새로웠다. 이전에는 책을 읽어도 가슴이 뛴 적은 없었다.

이렇게 은퇴를 앞두고 또 다른 삶의 갈림길에서, 여러 권의 책을 밤늦도록 읽으면서 소망이 하나 생겼다. 나도 독자들이 밤새워 읽도록 만드는 베스트셀러 작가가 되는 것이다. 그래서 삶의 용기와 희망이 필요한 자들에게 희망의 메신저가 되는 것이다. 독자들에게 희망을 불어넣는, 삶의 활력소 역할을 하는 책을 나도 쓰고 싶다.

여러 권의 도서를 읽으면서 나의 정신세계가 달라졌다. 잠자던 영혼이 일어났다. 그래서 내가 다시 태어난 기분이다. 나의 은퇴 롤 모델을 확실하게 정하게 되었다. 책을 읽으면서 나의 버킷리스트도 적어 내려갔다.

첫째, 베스트셀러 작가되기
둘째, 책 쓰기 코칭하기
셋째, 유럽 여행하기

이제 작가의 삶을 시작했으니, 책이 있는 곳이면 어디든지 좋다. 이제는 하루라도 책을 읽지 않으면 마음이 편하지 않다. 옥중에서 쓴 유명한 안중근의 글귀가 생각난다. 일일부독서(一日不讀書)하면 구중생형극(口中生荊棘)이라. 즉, 하루라도 책을 읽지 않으면 입 안에 가시가 생긴다. 나는 안중근의 글귀를 이렇게 응용하고 싶다. 일일부독서(一日不讀書)하면 사중생형극(思中生荊棘)이라. 하루라도 책을 읽지 않으면 생각에 가시가 생긴다. 즉 하루라도 책을 읽지 않으면 올바른 생각을 하기 어렵다. 그래서 편협한 생각, 이기적인 생각으로 살아가게 된다. 무엇보다 책 속에는 책 쓰기 자료가 무궁무진해 책 쓰기를 시작하면서 책을 더 많이 읽게 되었다. 영국 격언에 이런 말이 있다.

"책이 없는 궁전에 사는 것보다 책이 있는 마구간에 사는 것이 낫다."

작가라면 대부분 책이 없는 궁전보다 책이 있는 마구간을 선택할 것이다. 나 또한 책이 있는 마구간을 선택하겠다. 지혜의 보고인 책을 읽으면 생각을 더 깊게, 그리고 넓게 확장시킬 수 있다. 그리고 의식이 전환되고 고양된다. 중국 당나라 시대 최고의 시인으로서 시성(詩聖)이라 불렸던 두보는 이런 말을 남겼다.

"만 권의 책을 독파하면 귀신처럼 붓을 놀릴 수 있다."

책 쓰기를 시작한 사람들은 두보의 이 말을 가슴에 새기고, 독서에 심혈을 기울여야 할 것이다. 중국 송나라 때의 정치가 겸 문인이었던 구양수도 다독(多讀), 다상량(多商量), 다작(多作) 즉, 삼다(三多)를 강조했다. 많이 읽고 많이 생각하며 많이 쓰라는 것이다. 이 중에서 어느 하나라도 소홀히 하면 안 된다. 모두 충실히 할 때, 좋은 글을 쓸 수 있다고 했다. 자전적 에세이 《황홀한 글감옥》의 저자 조정래 씨도 글을 잘 쓰는 비법에 대해 많이 읽어야 많이 생각할 수 있고, 많이 써봐야 좋은 글을 쓸 수 있다고 했다.

책 쓰기에서 객관적인 콘텐츠와 사례는 대부분 다독을 통해 얻게 된다. 쓰고자 하는 책의 콘셉트와 주제에 맞는 최고의 사례를 다른 저자의 책, 신문이나 잡지, 인터넷 등 다양한 매체를 통해 확보하게 된다. 특별히 경쟁 도서 분석은 책을 쓸 수 있도록 도와주는 도우미 역할을 하기 때문에 꼭 필요하다. 즉 자신의 책 쓰기에 필요한 책을 골라서 읽어야 한다. 그러므로 책 쓰기가 매일 독서하는 삶으로 이끌 수밖에 없다.

"세상은 당신이 생각하는 것보다 훨씬 광범한데, 그 세계가 책에 의해 움직이고 있다는 것을 알아야 한다."

볼테르의 말이다. 그렇다. 나 또한 성공하고 싶어 책을 읽게 되었다. 책을 읽으니, 책이 쓰고 싶어졌다. 책을 쓰고 있는 지금, 책을 더욱 많이 읽게 되었고, 책에 의해 난 움직이고 있다. 사람이 책을 썼지만, 책이 사람을 계속 움직이게 하고 있다. 그리고 책이 세계를 움직이게 하고 있다. 내가 쓴 이 책이 나의 삶을 어떻게 변화시킬지 궁금하다. 그리고 나를 어디까지 움직이게 할지 기대된다.

02

저서는 최고의
유산이다

*

책은 위대한 천재가 인류에게 남겨주는 유산이며,
그것은 아직 태어나지 않은 자손들에게 주는 선물로서
한 세대에서 다른 세대로 전달된다.

- 토머스 에디슨 -

*

올봄에 옷장을 시원스럽게 정리하리라 결심하고 옷장 문을 열었다. 옷 한 벌 한 벌이 내게 말을 걸어왔다.

"힘들 때 이 옷 샀지? 옷 구매하고 기분 전환이 된다며 마음 추슬렀잖아."

"새 학년도가 시작되어 활기찬 한 해를 보내겠다며, 입학식 때 입는다고 이 옷 샀지?"

"친구 따라 강남 간다고, 그 여선생님 따라가서 산 옷이 바로 이거야. 옷 입어보며 예쁘다고 매우 좋아했잖아!"

옷장에 옷이 꽉 차 있는데도, 어떤 때는 그날 입을 옷을 쉽게 찾지 못할 때가 있다. 옷을 버려야 옷장 정리가 되고, 입을 옷도 눈앞에 놓아야 출근 준비 시간을 단축할 수 있다. 그래서 결심을 하고 옷을 정리하기 시작했다.

30여 년 만에 터득한 나의 옷장 정리 노하우는 이렇다. '유행에 지나치게 뒤처지는 옷 버리기', '나이에 어울리지 않는 옷 버리기', '입었을 때 불편한 옷 버리기'다. 30년 이상 체중이 비슷하다 보니, 그동안 옷을 버릴 줄 몰랐다. 그러다가 이번에 정리하면서 여러 벌을 버리게 되었다. 비싸게 산 무스탕도 이번에 과감하게 버렸다. 10여 년 이상 입은 정장 몇 벌도 버렸다. 나이에 어울리지 않는 원피스, 입어서 불편한 원피스도 미련 없이 버렸다. 이렇게 정리하고 보니, 옷장에 여유 공간이 생겨 보기에도 좋았고, 내 머릿속도 정리된 기분이다. 정리된 장롱을 보고 있노라니, 어머니 말씀이 생각났다.

"나 죽으면 옷 다 소용없다. 현재 있는 옷도 다 떨어뜨리지 못하고 죽을 거다. 그러니, 내 옷은 이제 사지 마라."

나 또한 이 세상에 영원히 살 수는 없다. 지금 아무리 예쁜 옷이라 해도, 아무리 좋은 옷이라 해도 내가 없으면 버려야 할 물건들이다. 옷뿐이겠는가! 구두며, 핸드백 등 모두가 내가 사용하다가 나와 같이 떠나야 할 물건들이다. 그러고 보니, 나 또한 어머니 말씀처럼 현재 있는 것도 다 떨어뜨리지 못하고 이 세상을 하직할 것이 뻔하다. 앞으로는 계속 정리하면서 살아야겠다는 생각이다. 버리면서 살아야 자식들이 나중에 편할 것이 아니겠는가!

　그러면 무엇을 자식들에게 물려줄 것인가? 친정집 가훈이 '성실'이다. '성실'은 '정직'의 뜻을 포함하는 단어이다. 어머니는 성실, 아버지는 정직을 늘 강조하셔서, 우리 5남매 모두는 지나치리만큼 정직하고 성실하게 살아왔다. 우리는 '정직'과 '성실'을 부모님이 물려주신 정신적 유산으로 귀하게 여기며, 지금도 그렇게 살고 있다.
　나도 우리 딸과 아들에게 정신적 유산으로 물려주고 싶은 것이 있다. 바로 '신앙'이다. 살아가면서 실천하기를 바라는 것들이 많이 있지만, 신앙생활만큼은 인생의 필수 과정이라고 생각하며 꼭 실천했으면 한다. 요한복음 5장 24절에 이런 말씀이 있다.

　"내가 진실로 진실로 너희에게 이르노니, 내 말을 듣고 또 나 보내신 이를 믿는 자는 영생을 얻었고 심판에 이르지 아니하나니, 사망에서 생명으로 옮겼느니라."

　물질적 유산은 무엇으로 얼마만큼 물려주면 좋을까! 난 부동산에 관심이 없었다. 관심이 있었다면, 서울삼육고등학교로 발령이 났을 때, 무리해서라도 집을 샀을 것이다. 요즘 수도권 집값이 천정부지로 치솟았다는 말에, '나에게도 기회는 있었구나!' 하는 생각이 들었다.
　그러나 나는 내 이름 석 자가 쓰여 있는 저서를 유산으로 물려주려고 한다. 저서는 옷장 속의 옷처럼 거추장스러운 물건이 아니다. 오히려 저서는 자식에게 물려주는 자랑스러운 것이요, 후손에게 물려줄 길이 빛나는 가보이다. 또한, 책 쓰기는 저서 출간만으로 끝나지 않는다. 책을 펴내면 책을 사보는 사람들이 많으면 많을수록 인세가 늘어난다. 물론 읽을 만한 가치가 있는 저서 출간을 전제로 두고 하는 말이다. 이어 칼럼 기고와 강연 활동으로 이어질 가능성이 매우 크다. 이 말은 인세에 이어 칼럼 기고료와 강연료도 받을 수 있다는 말이다. 직장인들이 평생 벌면 얼마를 벌까? 책 쓰기를 통해 직장인들이 평생 번 것 이상으로 인세 수입을 올린 사람들이 있다.

2012년 6월 21일에 만화 인생 50주년을 맞은 이원복 덕성여대 석좌교수는 JTBC의 프로그램 〈신예리&강찬호의 직격 토크〉에 출연했다. 이 교수는 우리나라에 전례 없는 시사교양 만화를 개척했다. 그리고 1987년에 첫 출간된 《먼나라 이웃나라》는 1,500만 부가량 팔리며, 국민만화로 자리매김했다. 이 프로그램에서 이 교수에게 첫 질문을 했다.

"1987년에《먼나라 이웃나라》를 처음 출간해 1,500만 부가량이 팔렸는데, 인세 수입만 해도 어마어마할 것 같은데, 대략 얼마나 됩니까?"

"연간 수억 원대입니다. 그래서 넉넉한 인세 덕분에 여행이나 자료 수집에 경제적인 제약을 받지 않아 감사하는 마음이지요."

이렇게 책 쓰기를 통해 성공하면 인세는 물론 방송 출연까지 이어져 직장인들의 수입과는 비교가 되지 않는다.

한편 소설가 신경숙이 2008년에 출간한 《엄마를 부탁해》는 국내 순수 문학 단행본으로서는 최단기간 200만 부 돌파라는 기록적인 판매량을 보였다. 인세를 계산하면, 정가 1만 원에 저자 인세를 10%로 하면 20억 원이라는 계산이 나온다. 어마어마한 금액이다. 10여 년 전에 이 책을 딸에게 사준 적이 있었는데, 나도 인세 수익 20억 원에 일조한 셈이다.

신경숙 작가가 2013년 11월 11일에 방송된 SBS 예능프로그램 〈힐링캠프, 기쁘지 아니한가!〉에 출연했다. 이때, 고등학교 진학과 생계를 위해 서울로 상경해 낮에는 공장에서 일하고, 밤에는 학교에 다녀야 했던 고된 학창 시절에 대해 고백했다. 그리고 이런 말을 했다.

"학교 보내주던 회사에 사정이 생겨 몇 달을 결석했더니, 담임 선생님이 반성문을 쓰라고 하셨어요. 선생님께서는 내 반성문을 보시더니 '너는 소설가가 되는 게 어떻겠니'라고 하셨어요. 그 말씀을 듣는 순간, 밤하늘에 떠 있는 모든 별이 나에게 쏟아지는 것 같았습니다."

그녀는 학창 시절에 쓴 반성문 덕분에 작가의 길에 입문하게 됐다고 밝혀 화제가 되었다. 또한 이날 방송에서 신경숙은 작가를 꿈꾸던 소녀 시절과 《엄마를 부탁해》를 쓰게 만든 어머니에 대한 추억을 언급하며 눈길을 끌었다.

이지성 작가의 《리딩으로 리드하라》는 내가 운영했던 〈학부모 아카데미〉에서 학부모님들과 같이 읽은 책이다. 이 책을 읽으면서 인생에서 꼭 읽어야 할 필독 도서라고 생각했다. 무명작가였던 이지성 작가는 지금은 책을 펴내기만 하면 베스트셀러 대열에 오르는 유명작가가 되었다. 이 책이 180여만 부나 팔렸는데, 인세 수입만 해도 18억 원이 된다. 이지성 작가는 한 TV프로그램에 출연해서 집 안에 빚 4억 원을 인세로 다 갚았다고 고백한 적이 있다. 이외에도 조정래 작가와 김난도 교수를 비롯한 많은 작가가 출판계를 놀라게 한 일들은 허다하다.

책 쓰기를 강조하는 CEO로 유명한 유상옥 코리아나화장품 회장은 사진 대신 책을 남기라고 말한다. 세상을 떠날 때 사진을 남기고 가면 자식들에게 부담이 되니, 죽을 때는 사진 한 장만 남기고 미리 정리하는 것이 좋다고 유 회장은 말한다. 아들과 딸이 아닌 며느리와 사위 입장에서 보면 더욱 다르다는 것이다. 사진을 보존해야 한다느니, 버려야 한다느니 하면서 싸울 것이 명약관화하기에, 대신에 책을 쓰라고 했다. 책은 집안의 가보로 전해질 수 있어, 손자들에게도 할아버지 또는 할머니가 쓴 책이라고 말하면 아이들이 자부심을 가질 수 있지 않겠느냐면서 책을 꼭 쓰라고 말했다.

책을 쓰는 사람치고 열정적으로 살지 않는 사람은 없다. 책을 써서 자녀들에게 그리고 후손들에게 자신의 경험과 철학, 지식과 지혜를 전해주기를 바란다. 책 속에는 그 사람의 삶의 열정이 그대로 녹아 있어 독자에게 그대로 전달된다. 자녀들에게 평생 하고 싶었던 말이 그대로 담겨 있어 말로 하는 잔소리보다 훨씬 힘을 발휘한다. 이렇게 책 쓰기는 생산적이고 가치 있는 일이요, 최고의 유산을 남기는 고귀한 작업이다.

03

책 쓰기는 최고의
자기계발이다

*
시도해보지 않고는 누구도 자신이 얼마만큼
해낼 수 있는지 알지 못한다.

- 푸블릴리우스 시루스 -

*

　2년 전, 한 선생님이 명예퇴직을 했다. 명예퇴직을 하기 전, 캘리그라피, 서예를 열심히 배웠다. 그 선생님을 보면서, '난 은퇴 준비를 무엇으로 할까?' 생각하다가도, 은퇴 준비는커녕 밀린 업무로 되돌아가곤 했다. 어느 날, 그 선생님이 교무실에서 자신이 쓴 서예를 내게 보였다. 제법 잘 썼다는 생각이 들었다. 왜냐하면 그 짧은 기간에 붓글씨 솜씨가 있다는 것을 증명했기 때문이다. '나도 연습하면 저 정도의 서예 솜씨를 보일 수 있을까?'라고 할 정도였다. 그 후, 나도 은퇴 준비에 더욱 관심이 생겼다. 난 무엇을 계발시켜서 은퇴 후의 삶을 펼쳐나갈까 생각했다. 그래서 내가 잘하는 것에는 무엇이 있는지, 초등학교 시절부터 칭찬받은 것들을 찾아보았다.

　낙동초등학교 3학년 때, 일기를 잘 써서 최우수상을 받았다. 5학년 때는 노래를 잘한다고 담임이신 윤택중 선생님이 같은 반 친구인 편금주와 나에게 독창 연습을 시키셨다. 교외 대회 출전은 목소리가 큰 편금주 친구가 나갔지만, 나도 잘한다는 칭찬을 여러 번 들었다.

　천북중학교 1학년 때는 교내 사생대회에서 파스텔화로 풍경화를 그려서 최우수상을 받았다. 수업 시간에는 미술실에서 아그리파 조각상 데생을 하는데, 미술 선생님이신 이재홍 선생님이 내 옆에 오셔서 이렇게 말씀하셨다.

　"오! 잘 그리고 있구나. 명암을 잘 살려서 그리고 있어. 데생의 생명은 명암이야."

　합창단 지휘도 했다. 졸업식에 선배들을 보내는 후배들의 합창이 있었는데, 그 합창을 통솔하는 지휘였다. 내 지휘 아래 노래를 시작하고 노래를 마치니, 그때 지휘하는 맛을 좀 알았다. 그리고 독후감 쓰기대회도 나갔다. 기간을 정해주고 책을 읽게 해 교외로 출전해 독후감을 쓰는 것이다. 이때 상을 받은 기억은 없지만, 선발해서 교외 대회에 나갔으니, 잘 쓴다고 국어 선생님이 인정해주신 셈이다. 또한 수학을 잘해 시험 때가 되면 친구들을 가르쳤다. 성인이 되어 모인 동창회에서 무슨 일을 하냐고 묻길래 교사가 되었다고 하니, 친구들은 수학 교사가 됐냐고 물었다.

고등학교는 천안여고에 입학했는데, 충남에서 모인 우수한 학생들이 많았다. 서울대를 목표로 공부하는 학생들도 많았다. 어떤 학생은 성악을 전공한다고 음악실에서 선생님의 지도를 받았다. 어떤 학생은 디자인을 전공한다고 미술학원에 다녔다. 그 외, 많은 학생이 수학과 영어 공부를 위해 학원에 다니거나 과외를 받았다. 내 주변 친구들이 수학과 영어 과외를 같이 하자고 내게 제안했지만, 경제적 여력이 없었다. 무사히 고등학교 졸업만 해도 감사한 상황이었다. 고등학교 입학시험을 보러 갈 때, 시험에 떨어지면 취직하기로 부모님과 약속했었다. 다행히 합격해 언니와 나란히 여고에 다녔다.

부모님을 떠나 멀리 천안에서 학교에 다니다 보니, 중학교 때처럼 집에 들어서자마자 불렀던 엄마를 부를 수 없었다. 그래서 자취방에 돌아오면 엄마가 보고 싶어 날마다 울곤 했다. 예산이 집인 한 학생은 나처럼 날마다 울다가 집 근처에 있는 예산여고로 전학을 가고 말았다. 난 잘 견뎌내어 2학년으로 진급했다. 한 학년 올라가니, 학교생활에 적응이 되었고, 공부할 수 있는 마음의 여유도 생겼다. 이때 성적이 올랐는데, 한 학급당 60명으로 8반까지 있었는데, 480명 중에서 7등을 했다. 우리 반 성적이 좋아 반에서는 2등이었다. 내가 다른 반 학생이었다면 1등을 했을 것이다. 이때 고전문학이 그렇게 재미있을 수가 없었다. 옆 친구가 내게 질문하면 모두 가르쳐줄 정도였다. 고전문학을 가르쳐주신 선생님 모습이 지금도 생생하다. 1978년도 천안여고에서 근무하신 고상만 선생님이시다.

현대문학은 담임이신 박근서 선생님이 가르치셨는데, 이 선생님들의 영향으로 내가 국어국문학을 전공하게 되었다.

이렇게 초등시절부터 잘한다거나 칭찬받은 것들을 생각하면서 어느 분야를 계발시킬 것인지 고민했다. 그러다가 은퇴를 코앞에 두고, 올해 드디어 자기계발의 최고 프로그램을 발견했다. 바로 책 쓰기다.

은퇴는 인생 제2막을 열기 위한 골든타임이다. 난 이 골든타임을 잘 잡았다. 출근하기 전, 새벽 4시에 일어나 6시까지 책을 쓰고, 출근 준비를 한다. 저녁 시간에는 학생들 야간학습 지도, 부모님 찾아뵙기 등으로 시간 내기가 쉽지 않지만, 한 시간이라도 책을 쓰고 잠자리에 든다. 이렇게 책 쓰기를 시작하면서 경쟁 도서를 찾아 읽게 되었다. 경쟁 도서란 자신의 책 쓰기와 같은 콘셉트의 도서들이다. 자신이 쓰려고 하는 주제와 비슷한 책을 찾아 독서를 통해, 어떻게 쓰고 어떤 방법으로 주제를 풀어나갔는지 연구하고 분석하게 된다. 또한 이 경쟁 도서와 차별화할 수 있는 자신만의 강점은 무엇인지 찾아내게 된다. 이렇게 경쟁 도서들을 분석해 자신의 강점을 살려 쓰다보면, 자기 공부를 하는 것이고 자기계발이 되는 것이다. 또한 책을 쓰는 동안은 자신의 생각을 체계적으로 정리할 수 있게 된다. 그리고 논리적, 비판적, 창의적인 사고력, 종합적 문제 해결력까지 기르게 된다. 그리고 자신의 미래 계획을 세우게 된다. 책을 펴내면 전문가로도 인정받게 된다.

《아프니까 청춘이다》를 펴낸 서울대학교 김난도 교수는 책을 써서 운명이 달라졌다고 한다. 책이 세상에 나온 지 일 년도 안 되어 100만 부 이상이 판매되었고, 명강사로 재탄생되었다. 2018년 11월 24일 광화문 교보생명빌딩 23층에서는 2018년 명강의 BIG 10 마지막 강의가 열렸다. 약 1년 동안 여러 명사가 자리를 빛냈던 명강의 BIG 10의 마지막 강의를 장식한 주인공은 김난도 교수였다. 첫눈이 오는 추운 주말인데도 좌석은 꽉 찼고, 교보문고에서 4주째 베스트셀러를 차지하고 있는 《트렌드 코리아 2019》의 인기를 실감나게 했다.

'상추 CEO'로 알려진 류근모 대표는 13년간의 농사 체험과 성공 철학의 내용을 담아 《상추 CEO》를 펴내, 대기업과 관공서에서의 강연은 물론 방송에도 출연했다. 대한민국 농업 혁신의 아이콘으로 불리는 류근모 대표는 상추 하나로 매출 100억 원을 이룬 CEO이다. 하지만 그도 처음부터 농사로 성공할 것이라고는 생각하지 못했다. 그는 1997년 IMF 시대에 사업에 실패한 후 귀농했다. 그가 가진 돈은 융자금 300만 원이었지만, 단순한 농사가 아닌 쌈 채소를 가꾸는 것으로 대한민국에서 최초는 물론 전 세계가 인정하는 시스템을 갖추려고 노력했다. 그 결과, 그가 얻은 대한민국 최초라는 타이틀만 무려 100여 개에 달하며, 2011년 농업인 최초로 금탑산업훈장을 수상했다. 류근모 대표는 "사람들은 1을 넣으면 10이 되는 요술 상자를 꿈꾸지만, 세상에 그런 상자는 없다. 성공이란 희망을 잃지 않고 편견과 싸워가며 부단한 자기 혁신을 이루어가는 과정"이라고 말한다. 《상추 CEO》를 읽으면 류근모 대표의 멈추지 않는 도전이 어떻게 성공을 끌어냈는지 알 수 있다.

저서로 자신의 분야에서 최고가 된 작가들은 수도 없이 많다. 김미경의 《언니의 독설》, 박경철의 《아름다운 동행》, 로버트 기요사키의 《부자 아빠 가난한 아빠》, 김상운의 《왓칭》, 《마음을 비우면 얻어지는 것들》, 김정운의 《나는 아내와의 결혼을 후회한다》 등이다. 이들은 자신이 책을 쓴 분야에서 전문가로 활동하고 있다. 이렇게 책 쓰기는 자기계발은 물론 인생을 눈부시게 변화시킨다. 그래서 책 쓰기는 자기계발 중에서 최고의 자기계발이라고 할 수 있다.

"아무 하는 일 없이 시간을 허비하지 않겠다고 맹세하라. 우리가 항상 뭔가를 한다면 놀라우리만치 많은 일을 해낼 수 있다."

토머스 제퍼슨의 이 말을 난 전적으로 공감하고 지지한다. 현대는 자기계발의 시대다. 또한 평생학습의 시대다. 그래서 자기계발을 하기 위한 프로그램도 많이 생겨났고, 평생학습관도 여기저기 생겨났다. 이렇게 우후죽순처럼 생겨나는 프로그램들은 잠재된 능력을 계발해 발달시키기만 하면, 대부분 성공할 수 있기 때문이다.

무엇에 도전해야 할지 망설이고 있다면, 책 쓰기에 도전하라고 강하게 권한다. 자기계발을 위해 백 권의 책을 읽는 것보다 한 권의 책을 쓰는 것이 낫다. 그 어떤 자기계발보다 가치 있으며, 출판 후의 기쁨과 행복은 상상을 초월할 정도로 크다. 책 쓰기는 최고의 자기계발이며 자기 혁명이다.

04

최고의
퍼스널 브랜딩 도구이다

*
당신에게 가장 필요한 책은
당신이 가장 많이 생각하게 하는 책이다.
- 마크 트웨인 -
*

요즘 젊은이들은 '삼포시대(三抛時代)'에 살고 있다고 한다. 사회·
경제적 상황으로 인해 연애 포기, 결혼 포기, 직장 포기를 하는 시
대로, 요즘 청년들이라면 흔히 겪을 수 있는 상황을 나타낸 말이다.
이 유행어로 청년들이 공감대를 형성하며 서로를 위로하고 있다.

1990년대 후반기에 나타난 IMF 등 국제적 금융 위기를 겪으며,
경제 성장률이 급속도로 떨어졌다. 아울러 장기적인 경제 침체 현
상이 일어났다. 기업들은 자연스레 투자보다 안정에 중점을 두게
되었다. 또한 인간의 평균수명이 증가하면서 고령자의 산업 현장
재진입, 재취업 등 기성세대가 산업 현장에서 더 오래 근무하게 되

었다. 그 결과로, 수요를 쉽게 조절할 수 있는 청년층이 큰 피해를 보게 된 것이다. 신규를 채용할 이유가 서서히 사라지고, 자녀는 부모에게 더 오래 의존하는 형태로 사회 구조가 변화되고 있다.

이러한 사회 구조의 변화로 미래가 불안해 석·박사 과정을 이수하는 이들이 많다. 그러다 보니 대학원도 흔한 학력이 되어, 고학력 시대가 되었다. 그러나 이러한 고학력이 이제는 취업이나 사회생활에 큰 영향을 미치지 못하고 있는 것이 현실이다. 2014년 3월 31일, 온라인 취업포털 '사람인'에서는 국내 기업 175개사를 대상으로 '신입 지원자들이 취업을 위해 쌓는 스펙 중, 불필요하다고 생각하는 것'에 대해 설문 조사했다. 그 결과, 국내 기업체 중 81.1%가 '불필요한 스펙이 있다'라고 답했다. 1위 석박사 학위 44.4%, 2위 국토 순례 등 극기 체험 40.8%, 3위 회계사 등 고급 자격증 32.4%, 4위 한자 자격증 31.7%, 5위 아르바이트 경험 31%, 6위 창업 등 사업 경험 30.3%, 7위 제2외국어 성적 및 능력 26.8%, 8위 동아리 활동 경험 26.8%, 9위 봉사활동 경험 22.5%이다. 불필요한 이유는 기업 88%가 '직무와 무관한 스펙'이라고 답했다. 그리고 누구나 가진 획일화된 스펙 41.5%, 일정 점수에 도달하지 못한 스펙 23.2%, 기준을 과도하게 뛰어넘은 스펙 22.5%, 자격 조건에 명시되지 않은 스펙 21.8%, 취득한 지 오래된 스펙 20.4%라고 답했다.

이렇게 기업에서는 석·박사학위를 원하지 않고 있다. 오히려 응답자 5명 중 1명은 불필요한 스펙이 있는 신입 지원자에게 감점 및 불이익을 주었다고 밝혔다. 그 이유로는 목표가 불명확한 것 같아서가 59.3%, 높은 연봉 등 요구사항이 많을 것 같아서가 40.7%, 실무 능력을 갖추지 못한 것 같아서가 25.9%, 근성이 없을 것 같아서가 18.5%이다. 감점으로 탈락한 지원자가 실제 있다는 응답도 85.2%였다.

이제는 직무와 상관없이 무분별하게 쌓은 스펙이 오히려 직무에 대한 확신 부족으로 인식시킬 수 있다. 취업을 준비하는 학생이나 재취업을 준비하는 사람들이 이력서를 채우기 위해 유학하거나 석·박사 학위를 받을 필요가 없다는 이야기이다. 그리고 전 직장에서 헌신해 일했어도 그것을 모두 이력서에 쓸 수 없다. 이력서로는 자신의 존재를 제대로 알릴 수 없다. 면접에서도 다 어필할 수 없다. 그러므로 스스로 홍보하고 자신의 가치를 높이는 방법을 찾아야 한다.

석사나 박사학위보다 책을 써서 출판한다면 미래가 어떻게 펼쳐질까? 책을 쓰는 것은 자신의 인성과 전문성을 객관적으로 입증해 보일 수 있는 최고의 스펙이다. 자신만이 겪은 경험과 깨달음, 철학, 신념, 가치관, 전문성 등을 담은 책을 펴낸다면, 자신의 브랜드 가치를 최대로 높일 수 있다. 즉 책 쓰기로 퍼스널 브랜딩이 되는 것이다. 책이 출간되었을 때, 책을 사보는 사람들이 많으면 이름이 세상에 알려지고, 저자의 브랜드 가치도 점차 올라가게 된다. 이 말은 강연 활동으로 이어질 가능성이 크다는 뜻이기도 하다.

실제로 책을 써서 이름을 브랜딩한 사람 중에 몇 사람을 꼽는다면《바람의 딸, 걸어서 지구 세 바퀴 반》의 저자 한비야.《명품 인생을 만드는 10년 법칙》의 저자 공병호,《꿈꾸는 다락방》의 저자 이지성,《가슴 뛰는 삶》의 저자 강헌구,《아프니까 청춘이다》의 저자 김난도 등이 있고, 이외에도 수없이 많은 작가가 존재한다.

이들은 인세 수입은 물론 방송 출연을 비롯해 기관과 단체의 초청 특강으로 점점 브랜드 가치가 올라가고 있다. 책 쓰기를 통해 자신들이 원하는 삶을 사는 작가들이다. 이렇게 책 쓰기는 자신을 브랜딩하는 최고의 수단이며, 동시에 진정으로 자신이 좋아하는 일을 하면서 경제적 풍요를 누릴 기회를 만드는 일이라고 할 수 있다.

〈월드비전〉의 국제구호팀장으로 일했던 한비야 씨가 자신이 꿈꾸었던 국제구호팀장의 자리에 있을 수 있었던 바탕도 바로 자신의 저서였다. 날 비(飛), 들 야(野)의 한비야. 세례명을 한자로 옮겨 주민등록에 올린 그의 이름에서는 자유와 도전의 느낌이 물씬 풍긴다. 한시도 안주하지 않고 지구를 누벼온 인생을 요약한 이름이다.

그녀는 10세 때부터 부모님이 방에 붙여 놓았던 세계지도를 보며 세계일주의 꿈을 키웠다. 대학 졸업 후에는 직장에 취직했고, 35세 때 승승장구하던 홍보회사에 사표를 제출했다. 그리고 자신의 꿈이었던 '걸어서 세계일주'를 하기 위해, 배낭 하나 둘러메고 1993년부터 지구촌 곳곳을 누볐다. 그렇게 세계여행을 마친 뒤, 출간된 책이 바로《바람의 딸, 걸어서 지구 세 바퀴 반》이다. 이 책을 낸 1996년은 여자가 혼자서 세계여행을 하던 시절은 아니었다. 위

험을 만나도 굴하지 않고, 자유로운 여행을 한 내용을 담은 이야기
는 많은 사람의 가슴에 여행에 대한 꿈을 갖게 했다. 세계의 가난
한 아이들을 도울 수 있도록 국제구호팀에서 일하고 싶다는 자신의
생각을 이 책에 담았고, 그녀의 책을 읽은 월드비전에서는 국제구
호팀장 자리를 그녀에게 제안했다. 그렇게 해서 한비야는 2001년
부터 2009년까지 약 9년 동안 국제구호기구 월드비전에서 긴급구
호팀장으로 활동했다. 또한 그녀의 책은 젊은이들에게 세계를 향해
나아갈 수 있는 꿈과 용기를 심어주었고, 이는 활발한 강연 활동으
로 이어졌다.

강원도 태백 교육청이 2008년 6월 17일 오후 3시부터 지역주
민들과 관내 교직원들을 대상으로 '한비야 특별 초청 강연회'를 개
최했다. '지도 밖으로 행군하라'라는 강연 주제로 국제구호 활동 및
오지 여행담을 내용으로 2시간 동안 진행되었다. 2012년 4월 12일
삼육대학교 대강당에서는 '바람의 딸, 한비야 씨 초청 특별강연회'
를 개최했다. 이 대학에서는 한비야 유엔 중앙 긴급대응 기금 자문
위원을 초청해 '무엇이 내 가슴을 뛰게 하는가!'라는 주제로 진행했
다. 이외에도 여러 곳으로부터 특별 초청을 받았다.

한비야 씨는 저서를 통해 자신의 꿈을 이룬 것이다. 그녀는 네
티즌이 만나고 싶은 인물 1위, 대학생이 존경하는 여성 1위, 여성
특위가 뽑은 신지식인 5위 가운데 한 명에 선정되었다. 그리고 청
소년이 닮고 싶은 롤모델로 꼽혔고, 2004년에는 한국 YMCA에서
선정한 '젊은 지도자상'을 받기도 했다. 취업 준비생 그리고 직장인

들도 이제는 자신을 굴레에 가두어 두지 말고 책을 써서 자신을 브랜딩하고, 더 큰 미래를 꿈꾸길 바란다. 저서는 최고의 이력서다.

　여름 방학하기 전, 학생 동아리 활동에서 읽고 싶은 책을 적어 내면 동아리 활동비로 책을 사주겠다고 했다. 그랬더니 학생들이 인터넷을 통해 고른 뒤, 도서 구입 희망 목록을 내게 가져왔다. 우리 학생들이 읽고 싶은 책 중, 가장 많이 적어 낸 것이 이지성의 《꿈꾸는 다락방》이었다. 인터넷으로 주문해 방학하기 전에 나누어 주었는데, 학생들이 책을 안고 매우 좋아했다. 그 모습을 지켜보면서 우리 학생들의 미래가 기대되었다.

　이 학생들이 지금은 독서만 하고 있지만, 대학에 입학한 후에는 자신의 이름을 새긴 저서 한 권씩 출판하기를 바란다. 명문대를 졸업해도, 석·박사 학위가 있어도 순조롭게 취업이 되지 않는 요즈음, 최고의 퍼스널 브랜딩 도구인 책 쓰기를 통해, 자신의 이름을 세상에 알리고 자신의 꿈을 실현하기를 바란다.

05

책 쓰기로 당당해진
나를 발견하다

*
희망이 부풀어 오르는 한 인간은
승리를 거두고 계속 전진한다.
- 펄 벅 -
*

여름방학이 지나고 개학하면 21학년도 대학 수시모집 원서 접수를 해야 한다. 한 달도 채 남지 않았다. 그래서 고등학교 3학년 학생들이 수시 전형을 위해 자기소개서 작성과 면접 준비를 하고 있다. 올해도 나는 면접 지도를 맡았다. 고참인데 방학에 좀 쉬지 그러느냐고 내게 말을 건네는 교사도 있었다. 하지만 나는 은퇴할 때까지 학교일에 적극적인 자세로 임해 마무리를 잘하고 싶다. 나이가 많다고 '이것도 않는다, 저것도 않는다' 하면 젊은 교사들의 업무가 더욱더 많아질 것이고, 본보기에도 좋지 않다.

여름방학 열흘 정도를 집에서 푹 쉬고, 면접 지도를 하기 위해 출근했다. 학교 주차장에는 자동차가 꽉 차 있었다. 흐뭇했다. 방과후학교 수업을 하는 교사들과 학교 공사로 일하는 분들의 차다. 방학인데도 쉬지 않고 가르치고 배우며, 공사도 진행되는 것을 보면서, 본교가 발전할 수밖에 없다는 생각이 들었다. 준비한 수업자료를 가지고 교실로 들어갔다. 고3 학생들이 수시 전형에 꼭 합격해야겠다는 각오로 바르게 앉아 있었다. 인사를 하고 면접교재를 나누어 준 후, 수업을 시작했다.

"면접 보러 갈 때 수험표와 신분증을 꼭 챙겨 가야 합니다. 어떤 학생은 챙기지 못하고 가서 지원 대학교에서 본교로 연락이 오는 일도 있습니다. 그리고 면접 평가 때의 주의사항으로, 면접 장소에 입실할 때 인사를 한 후 자리에 앉아야 합니다. 앉은 후에는 다리를 떨거나, 꼬거나, 너무 벌리지 말아야 해요. 또한, 한숨을 크게 쉬거나 머리를 긁적이지 말아야 하며, 면접 평가위원 한 사람만 응시하지 말아야 합니다. 진지한 태도로 답변을 해야 하고, 부족한 답변을 했다고 해 그 자리에서 울면 안 됩니다. 자연스러운 제스처를 쓰면서 답변하면, 자신감과 여유가 있어 보입니다. 퇴실할 때는 '휙' 뒤돌아서 나가지 말고 뒷걸음질을 조금 치다가 뒤돌아 나가는 것이 보기 좋습니다.

특별히 올해는 코로나 바이러스로 인해, 비대면 면접이 실시되는 대학이 있습니다. 시선을 고정시키고 답변을 해야 합니다. 다른 곳으로 시선을 이동시키면 오해받을 수 있습니다. 면접에서 평가 요소는 무엇일까요? 기초학업 역량, 전공 적합성, 성장 잠재력, 인

06

책 쓰기로 당당하게
사는 법을 배우다

*

희망은 그것을 추구하는 사람을
결코 내버려두지는 않는다.

- 존 플레처 -

*

책 쓰기를 시작하면서 여러 권의 자기계발서를 읽었다. 자기계발서에서 공통적으로 강조한 내용이 있다. '꿈을 꾸면 반드시 이루어진다', '자신의 꿈에 도전하라', '상상하면 현실이 된다', '이미 이루어진 것처럼 생각하고 행동하라', '낙심하더라도 끝끝내 무릎 꿇지는 마라', '희망으로 늘 인내하라', '당신의 경험이 돈이 되는 순간이 온다', '오늘부터 당신의 경험, 메시지를 팔아라', '돈과 행복이 함께하는 새로운 인생이 시작된다', '이제껏 하찮게 생각해온 당신의 경험을 누군가는 간절하게 원한다', '독자에서 저자가 되어라', '이제는 누구나 책 쓰기를 하는 시대다', '성공해서 책을 쓰는 것이 아니라, 책을 써야 성공한다', '유명 저자들은 모두 책을 써서 성공했다'….

모두 가슴 뛰게 하는 문장들이다. 그런데 이 중, '성공해서 책을 쓰는 것이 아니라, 책을 써야 성공한다'라는 말이 나를 가장 당당하게 만들었다. 책을 쓰면 성공하게 되니까 말이다. 그리고 '이미 이루어진 것처럼 생각하고 행동하라'도 그렇다. 이 말은 내가 원하는 것을 이루기 위해서는 완료형 말 습관으로 바꾸면 되기 때문이다. 완료형 말 습관이 꿈을 이루게 만든다. 이미 이루어진 것처럼 생각하고 행동하면서 책을 써나간다면, 성공은 눈앞에서 기다리고 있게 된다는 것이다.

난 지금 책을 쓰고 있다. 책이 아직 출판되지도 않았고, 내가 성공하지도 않았다. 그런데, 이미 이루어진 것처럼 생각하고 행동하라고 했으니, 난 성공한 작가요, 베스트셀러 작가다. 지금 베스트셀러를 쓰는 중이다.

《성공해서 책을 쓰는 것이 아니라 책을 써야 성공한다》의 저자 김태광은 과거 기업에 취직하는 것 대신 책 쓰기를 선택했던 자신이 너무나 자랑스럽다고 한다. 과거 대기업에 들어갔다며 떵떵거리던 친구들은, 현재 중소기업에 다니고 있거나 다시 대학원에서 공부하고 있다고 한다. 만일 자신이 그 친구들처럼 직장생활에 목숨 걸었다면, 지금쯤 목숨이 간당간당할 것이라고, 그리고 자신은 책 쓰기로 운명을 바꾸었다고 말한다. 그래서 만나는 사람들마다 책을 써야 한다고 강조하며, 책을 쓰면 정말 다양한 이점들이 많이 있다고 책 쓰기의 유익한 점에 대해 말한다. 눈에 보이는 인세 수입이나 칼럼 기고료, 강연료 등을 차치하고서도 독서의 질과 수준이 달라진다고 말하고 있다. 치열한 생존 독서가 가능해져 진짜 공부, 자기계발이 된다는 것이다. 책을 쓰면 인생이 바뀌고, 때로는 일자리 창출과도 연결된다고 계속 강조하고 있다.

이렇게 책 쓰기로 운명을 바꾼 사람들은 김태광 씨 외에도 많이 있다. 《멈추면 비로소 보이는 것들》의 저자 혜민 스님, 《명품 인생을 만드는 10년 법칙》의 저자 공병호, 《꿈꾸는 다락방》의 저자 이지성, 《김미경의 아트스피치》의 저자 김미경 씨 등 자신이 일하고 있는 분야의 책을 출간하면서 TV, 라디오 출연, 강연 등 점점 영역을 확대해 운명을 바꾸고 눈부신 인생을 재창조해냈다. 이 책을 읽고 있는 당신도 책을 써보길 바란다. 지금까지 전혀 생각해보지 못한 눈부신 미래가 당신 앞에 펼쳐질 것이다.

세상에는 두 부류의 사람이 있다. 자신의 꿈을 향해 흔들리지 않고 나아가며, 신념을 고수하는 사람이다. 또 한 부류는 자신을 과소평가해 '내가 어떻게 그런 일을 할 수 있겠어? 그런 일은 아무나 하나?'라고 생각하면서 어떤 일을 시작했다가 포기하는 사람이다.

많은 사람이 초기에는 부푼 꿈을 안고 시작하지만, 실패하는 사람들은 중도에 여러 가지 이유와 조건을 들어 포기하고 만다. 그러나 성공하는 사람들은 한결같이 흔들리지 않는 강한 신념으로 자신의 꿈을 관철해나간다. 주변의 말이나 시선에 동요되지 않고 오직 자신의 꿈과 목표를 향해 전진하는 것이다. 이것은 자신의 꿈을 향한 신념과 확신이 있기 때문이다.

책 쓰기를 시작하면서 나는 절대 포기하지 않겠다고 결심했다. 책 쓰기에 대한 나의 신념과 확신이 있기 때문이다. 성공해서 책을 쓰는 것이 아니라, 책을 써야 성공한다는 말에 대한 확신이다. 새벽에 일어나 책을 쓰고 출근한다. 퇴근하자마자 귀가해 푹 쉬고 싶기도 하다. 그러나 부모님을 찾아뵈어 무엇이 부족한가 살피고 귀가하고 있다. 이러한 환경에서 시간에 늘 쫓기고 있지만, 시간이 부족하다고 해서, 몸이 피곤하다고 해서 책 쓰기를 포기하는 것은 나의 제2 인생을 포기하는 것이나 다름없다. 책 쓰기가 단순히 책 쓰기로 그치는 것이 아니기 때문이다.

누군가 나의 경험, 나의 깨달음을 통해서 가슴앓이를 멈추고 삶의 활력소를 찾는다면, 이 얼마나 기쁜 일이겠는가! 누군가 나로 인해 책을 쓰고 제2의 인생을 살아간다면, 이보다 더 가슴 뛰는 일이 어디 있겠는가! 누군가 죽음과 마주하던 순간, 나의 메시지 한 줄을 통해 삶에 다시 눈을 뜨게 된다면, 이보다 더 가슴 벅찬 일이 어디 있겠는가! 이 글을 읽는 이들은 꼭 책 쓰기를 시작해보길 바란다. 책을 쓰는 순간부터 가슴이 뛰기 시작할 것이다. 내가 그랬으니까.

여고 시절, 월요일 아침 운동장에서 전교생이 모이는 애국 조회가 있었다. 제일 먼저 교장 선생님 훈화가 시작되었다.

"대 천안여고 학생 여러분! 꿈을 꾸어야 합니다. 꿈이 있는 사람은 게으르지 않습니다. 우리 학교에서도 아침 일찍 힘찬 발걸음으로 등교해 책을 읽는 학생들이 있는데, 이 모습이 전교생들에게 확산되기를 바랍니다. 대 천안여고 학생 여러분! 지금 독서를 열심히 하면 독서의 열매를 거두는 때가 분명히 옵니다. 심은 대로 거두게 됩니다. 후회하지 않는 학창 시절을 보내기 위해 책을 끼고 다니면서 꾸준히 독서에 빠져보기 바랍니다. 책 속에 길이 있습니다. 여러분들의 미래가 펼쳐져 있습니다."

교장 선생님은 '천안여고 학생 여러분!'이 아니라, 항상 '대'자를 넣어서 '대 천안여고 학생 여러분!'이라고 말씀하셨다. 교장 선생님이 '대'자를 넣어 말씀하실 때마다 전교생들 앞에 한 줄로 서 계신 선생님 중 한 여선생님의 입이 삐죽거렸다. 교장 선생님이 '대'자를 넣어 말씀하시는 것이 못마땅한 모양이었다. 하지만 난 교장 선생님이 '대'자를 넣어서 말씀하시는 것을 좋아했다. 내가 멀리 시골에서 올라와 시험을 치르고, 명문여고에 당당하게 합격해 학교에 다니고 있다는 생각이 들어서였다. 교장 선생님의 훈화를 들으면, 학교에 대한 자긍심이 생겼고, 내가 더 당당해졌던 기억이 난다. 이렇게 말이 매우 중요하다. 이미 이루어진 것처럼 말하는 습관은 말하는 자신에게만 긍정의 씨를 심는 것이 아니라, 듣는 사람에게도 새로운 힘을 얻게 해준다. A. 모루아는 이렇게 말했다.

"과거의 실패를 극복하고 그것을 변혁시키려는 희망이야말로 인간이 갖는 매력이다."

과거의 실패를 극복하는 최고의 방법은 책 쓰기라고 생각한다. 이미 성공한 작가로 생각하고 책 쓰기를 바란다. 작가의 꿈에 도전하게 되면 가슴 뛰는 삶이 시작된다. 꿈은 반드시 이루어진다고 했으니, 당당하게 사는 법을 책 쓰기로 배우길 바란다.

07

책 쓰기로 인생이
무엇인지 알게 되다

*
인생은 한 권의 책과 같다. 어리석은 이는 그것을 마구 넘겨버리지만,
현명한 이는 열심히 읽는다.
인생은 단 한 번만 읽을 수 있다는 것을 알기 때문이다.
- 상 파울 -
*

책을 쓰게 되면서 나의 인생을 되돌아보게 되었다. 태어날 때부
터 지금까지의 삶을 돌아보니, 참으로 많은 일이 있었다. 물론 태어
날 때의 상황은 어머니에게서 들은 이야기이므로, '상상'이라는 단
어가 적절하다. 이렇게 내 인생이 지금 중턱을 넘어서서 몇 발자국
더 걸었다. 세월이 야속하게도 참으로 빠르다.

《백만장자 메신저》에서 브렌든 버쳐드는 인생을 마감하는 시점
에 이르면 누구나 다음 세 가지의 질문을 스스로에게 던지게 된다
고 했다.

첫째, 나는 충분히 만족스러운 인생을 살았는가?

둘째, 열린 마음으로 다른 이들을 사랑했는가?

셋째, 스스로 가치 있는 존재라고 느끼는가?

나의 공저 《보물지도 21》에서도 언급했지만, 아직 내 인생을 마감하는 시점에 이른 것은 아니다. 하지만 정년퇴직을 앞두고 책 쓰기를 시작하면서 이 질문을 나에게 던져보았다. 첫째 질문에 몇 점을 줄까? 30점이다. 정말로 불만족스러운 삶이다. 살아가면서 지혜롭지도 못했고, 내가 나를 진정으로 사랑하지도 못했다. 정말로 후회스럽다. 지금까지 내가 내 인생의 주인공으로 살지 못하고 주변 인물로 살았다.

둘째 질문에는 90점을 주고 싶다. 나 자신을 돌보지 않고 다른 사람들을 더 사랑하면서 살았기 때문이다. 지금까지 많은 일을 추진하면서 사랑을 충분히 전달했고, 현재도 그렇게 하고 있으며, 앞으로도 더 많은 일을 하면서 다른 사람들을 사랑할 것이기에 높은 점수를 준 것이다.

셋째 질문에는 100점을 주고 싶다. 만점이다. 나는 충분히 스스로 가치 있는 존재라고 생각한다. 부모님을 비롯해 자녀, 그리고 주변 사람들에게 나는 필요한 사람이다. 내가 하루라도 아파 누워 있으면 비상이 걸릴 정도다. 그래서 나는 아프지도 말아야 하는 사람이다. 이렇게 늘 긴장하면서 살아서인지 지금까지 건강하게 살고 있다. 앞으로도 아프지 않고, 더욱 건강하게 살아갈 것이다. 정신적, 육체적으로 모두 건강하니, 비상이 걸릴 일은 없다.

내 인생의 만족스러운 삶을 위한 최고의 방법이 책 쓰기라는 것을 발견하고, 매일 가슴 뛰는 삶으로 책을 쓰고 있다. 책을 써야 내가 내 인생의 주인공으로 살아갈 수 있기 때문이다. 둘째 질문에는 10점만 더 올리면 된다. 앞으로 수많은 만남과 헤어짐 속에서 소중하게 간직해야 하는 인연에 최선을 다하려고 한다. 셋째 질문에는 100점을 주었는데, 나뿐만 아니라 이 땅에 사는 모든 이들이 가치 있는 존재다. 이 세상에 나와 똑같은 사람이 없는 단 하나뿐인 존재니까. 그리고 누구나 주변을 변화시킬 충분한 가치가 있는 사람이기 때문이다.

지금 책 쓰기로 제2 인생이 시작되었다. 나의 미래가 기대된다. 내 인생이 어떻게 펼쳐질지, 아침에 눈 뜨면 '오늘은 또 어떤 좋은 글감이 나를 기다리고 있을까?' 기대하면서 하루를 시작한다. 나는 제2 인생을 분재 소나무가 아닌 6층 이상 건물 높이의 소나무로 살아가고 싶다. 책 쓰기를 통해서 말이다. 책을 써보니, 나의 잠재력을 끌어내는 가장 좋은 방법이라는 것을 깨닫게 되었다. 누구보다도 나 자신을 사랑하기 시작했다. 점점 나를 중심으로, 하루의 시간도 안배하기 시작했다. 잃어버린 나를 찾은 것이다.

소나무는 우리가 생각하는 것 이상으로 크게 자랄 수 있다. 토양과 습도, 기온과 바람 등 조건만 잘 맞으면 6층 건물 높이보다도 더 크게 자랄 수 있다는 것이다. 인터넷을 통해 우리나라에서 가장 큰 소나무를 찾아보았다. 강릉시 연곡읍 삼산리에 있는 소나무였는데, 수명이 다해 고사하고 말았지만 높이가 30m였다고 한다. 그런데, 분재 소나무는 50년이 되어도 키가 30cm를 넘지 않는다. 이것은 분재 기술자가 나무의 꼭대기 가지와 뿌리를 정기적으로 잘라내고, 소나무를 매년 옮겨 심으며 뿌리가 안정되게 정착하지 못하도록 하기 때문이다. 키는 크지 않으면서 생명만 유지하도록 분재 기술자가 소나무를 길들이는 것이다. 즉 소나무의 성장 잠재력을 제거하는 것이다.

분재 소나무처럼 살아가는 사람들이 있다. "나는 그런 능력이 없어.", "나는 배경도 없어", "나는 끈기가 부족해 늘 작심삼일이야, 그래서 시작도 하지 않을 거야", "우리 집은 그럴만한 경제적 여유가 없어", "나는 그런 일을 할 수 있는 지식이 없어" 등 마음속으로 자신의 꼭대기 가지와 뿌리를 계속 잘라내면서 살아가고 있다.

이렇게 분재 소나무처럼 살아가면서 자녀까지 분재 소나무로 키우는 이들도 있다. 자녀의 꼭대기 가지와 뿌리를 계속 잘라내면서 자녀가 크게 성장하기를 바라는 어리석은 부모들이다. 이렇게 부모가 자녀의 성장 잠재력을 제거하는 행위는 대부분 부모의 말이다. "그걸 할 수 있겠어?", "너, 엉망이구나!", "네가 정말 했어? 친구가 도와준 것 아냐?", "너 지금 거짓말하고 있는 거지?" 등 부모의 거친 말로 자녀의 잠재력을 하나씩 제거하고 있다. 이런 부모의 말을 들은 자녀는 거짓말을 하게 되고, 엉망으로 행동하게 되며, 무엇을 이루려고 노력하지도 않게 된다. 참으로 안타깝고 슬픈 일이다.

우리는 모두 분재 소나무에서 벗어나야 한다. 키 크고 멋진 소나무가 될 수 있도록 생각을 크게 하고 말을 다듬어서 해야 한다. 바로 나부터다. 나로 시작해 자녀, 이웃, 그리고 사회로 확산시켜야 한다. 이렇게 할 때 건강하고 밝은 사회가 만들어질 것이며, 키가 크고 멋진 소나무로 살아갈 것이다.

"인생은 흘러가는 것이 아니라 채워지는 것이다. 우리는 하루하루를 보내는 것이 아니라 내가 가진 무엇으로 채워가는 것이다."

존 러스킨의 말이다. 그렇다 인생은 내가 가진 무엇으로 채워가는 것이다. 내가 가진 무엇이 무엇일까? 나의 성장 잠재력이다. 어렸을 때부터 분재 소나무로 살았던 삶을 청산하고, 키 크고 멋진 소나무로 성장하기 위해 지금부터 나의 잠재력을 끌어내는 것이다. 내 인생인데, 누구를 탓하면 무엇하겠는가! 내 인생인데 누구더러 책임지라고 하겠는가! 지금까지 분재 소나무로 살면서 생명을 이어온 것만으로도 대단하고 기특하다.

잠재력을 끌어내는 최고의 방법은 바로 책 쓰기로, 나는 망설이지 않고 시작했다. 책 쓰기를 해보니, 책만 쓰는 것이 아니라 독서를 많이 하게 되었다. 또한, 책을 읽으면서 내 인생을 돌아보게 되었다. 남의 인생이 내 인생의 거울이 되어 비춰보았다. 난 꿈을 이루기 위해서 미치도록 도전해본 적 없었다. 그런데, 책을 쓰기 시작하면서 내 삶에 더욱 애착이 갔고, 나의 꿈에 도전장을 던졌다. 마르쿠스 아우렐리우스는 이렇게 말했다.

"자신이 생각하기에 따라 인생이 달라진다."

자신이 행복하다고 생각하면 행복한 인생이요, 불행하다고 생각하면 불행한 인생이다. 성공한다고 생각하면 성공하는 인생이요, 실패한다고 생각하면 실패하는 인생이다. 하나씩 마음을 바꾸면 행동이 달라질 것이요, 하나씩 행동을 바꾸면 인생이 달라질 것이다. 하나씩 마음을 바꾼 것이 인생을 바꿔 놓을 것이다.

08

나를 성장시키는
책 쓰기의 힘

*
결국, 글 쓰는 일의 핵심은 당신의 글을 읽는 이들의 삶과
당신 자신의 삶을 풍성하게 만드는 것이다.
자극하고 발전시키고 극복하게 만드는 것, 행복해지는 것,
그것이 궁극적인 목적이다.

- 스티븐 킹 -
*

대학생 시절, 진입로 보도블록 무늬를 밟으며 하교하려면, 발끝이 보도블록에 걸려 넘어질 것만 같았다. 그래서 무늬가 없는 차도로 가끔 내려가 귀가하곤 했는데, 얼마나 힘이 없던지 나른한 오후처럼 지낼 때가 있었다.

어느 날, 번화한 상가 앞으로 지나게 되었는데, 약 장사가 약을 팔고 있었다. 힘이 없는 사람, 무릎이 아픈 사람, 가슴이 아픈 사람, 머리가 아픈 사람, 밥맛이 없는 사람 등 모두 모이라고 했다. 한마디로 만병통치약을 팔고 있었다. 약을 파는 약장사의 입담이

얼마나 좋던지, 지나가던 사람들이 갈 길을 잊은 채 모이기 시작했다. 많은 사람이 상가 앞 바닥에 앉아 약장사의 약 효험 이야기에 넋이 나갔다. 나도 사람들 틈에 끼어 듣게 되었다. 저 약을 먹으면 나도 힘이 솟을까? 한쪽에서는 벌써 줄을 지어 약을 사고 있었다. 나도 어느새 줄을 서서 기다리고 있었다.

이렇게 쉽게 약장사의 말에 넘어가 약을 사 먹은 일이 있다. 그 후, 밥맛이 좋아져서 당연히 힘이 생겼고, 활기차게 생활했던 기억이 있다. 지금 생각해보면, 무엇을 넣었는지 알 수도 없는 약을 사 먹다니, 혹시 부작용이라도 발생했다면 어디에 하소연한단 말인가! 그때는 나를 포함해 어리석은 사람들이 많았다. 그런데 그 약을 먹고 힘이 났다. 그 약장사는 밥이 보약이라는 것을 알고, 밥맛을 좋게 하는 한약재를 넣어 만병통치약을 만들었을 것이다. 그런데 여기 조금도 속임 없는 만병통치약이 있다. 우울한 사람, 불행하다고 생각하는 사람, 힘이 없는 사람, 누구를 미워하고 있는 사람, 자존감이 낮은 사람, 두통이 있는 사람, 꿈이 없는 사람 등 아픈 마음을 치유하고 자존감도 높여주는 마스터키와도 같은 삶의 만병통치약이 있다. 바로 책 쓰기이다. 책 쓰기는 이렇게 막강한 힘을 가지고 있다.

책 쓰기를 시작하면서 내가 얼마나 성장하고 치유되었는지 모른다. 신앙생활을 한다고 하지만, 가끔은 우울할 때가 있었다. 나의 성장을 위한 그 무엇도 하지 않고, 은퇴 후 그냥 늙는 것이 싫었다. 나의 미래가 어떻게 펼쳐질지 조금은 걱정되었다. 지금까지의 인생과 다른 제2의 인생을 살고 싶어 고민하고 있었다. 그런데 책 쓰기 시작하면서 그런 부정적인 생각들이 모두 거짓말처럼 사라졌다. 책 쓰기가 나를 완전히 바꾸어 놓은 것이다. 책 쓰기가 나의 꿈을 찾아주었고, 꿈 너머 꿈도 갖게 해주었다. 책 쓰기가 나의 잠재력을 끌어냈고, 자존감을 높여 주었다. 도전정신도 갖게 했다. 그래서 오히려 나의 미래가 기대된다. 독자에서 저자로 탄생한 것이다. 삶에서 얻은 깨달음을 자녀에게 유산으로 물려주게 된 것이다. 앞으로 작가, 책 쓰기 코치, 강연가, 1인 창업가로서 일하게 될 것이다. 이렇게 책 쓰기는 많은 것을 갖게 하고 성장시켜준다. 한마디로 책 쓰기는 저자의 인생을 바꾸어 놓는 막강한 힘을 갖고 있다. 헨리 데이비드 소로우는 이렇게 말했다.

"한 권의 책을 읽음으로써 자신의 삶에서 새 시대를 본 사람이 너무나 많다."

여러 사람의 인생에 새 시대를 열게 할 책 한 권을 쓴다면 얼마나 행복할까! 난 책 쓰기를 시작하면서 자기계발서를 많이 읽었다. 저서를 펴낸 후 운명이 달라졌다는 사람들이 책 속에 줄을 잇고 있었다. 그들은 저서를 쓰기 전에는 그저 평범한 직장인에 불과했다. 그런데, 저서를 펴낸 후 전문가로 인정받으면서 여기저기에서 칼럼 기고와 강연 요청이 쇄도했다. 당연히 수입도 늘어나 경제적으로 풍요로워졌음은 물론 하루하루가 가슴 뛰는 삶을 살고 있었다. 책을 한 권만 썼을 뿐인데, 한 권 쓴 그 책이 베스트셀러가 되면서 인세는 물론, 칼럼 기고, 강연 활동, 컨설팅으로 이어져 수입 구조가 다양화되었다.

　김정운 교수의 에세이 《나는 아내와의 결혼을 후회한다》가 많은 사람으로부터 폭발적인 인기를 끌었다. 의무와 책임감만 있는 이 시대 남자들을 위한 심리에세이다. '재미는 창조다'라는 키워드로 SERI CEO, 월간조선, 신동아 등에 연재되었던 내용을 담은 이 책은 자신의 행복에 대해 한 번도 진지하게 고민해보지 못한 남자들의 심리적 여백을 통렬하게 채워주었다. 어느 순간까지 '무작정' 달려온 남자들이 왜 자아가 상실된 느낌이 드는지, 지친 영혼을 뉠 곳을 찾지 못하는지, '문화심리학적' 분석서인 셈이다. 남자들의 현실 키워드 '아내'로 대변되는 '안정과 로망의 경계'를 저자의 경험에 비추어 풀어내었다. 그는 저서의 힘으로 기업 강연 초청 섭외 1순위에 오른 적도 있다.

　또한 그림을 그리고 사진을 찍는 화가로 심리치료용 그림 형제 동화책에 그림을 그렸고, 쇼핑몰 웹디자이너로 일한 사람이 있다. 바로 요리가 취미인 김용환씨이다. 그는 《2,000원으로 밥상 차리기》라는 책을 펴내 수십만 부가 팔리는 베스트셀러 작가가 되었다. 블로그에서 쉬우면서도 맛있는 요리 레시피를 소개하면서 책까지 출판하게 된 것이다. 지금은 고인이 되었지만, 이렇게 요리 전문

작가로 성공한 김용환을 따라 하며 블로그를 통해 요리 전문작가가 된 사람들도 많다.

그의 책 속에 이런 내용이 있다. 요리하는 건 좋은데, 설거지는 싫어! 라고 말하는 사람들이 많다는 것이다. 좀 심하게 들릴지 모르지만, 그런 분들은 요리하지 말아야 한다고 김용환씨는 강조했다. 요리는 재료 준비부터 시작해서 정성스레 만들고, 맛있게 먹고, 마지막으로 설거지까지 확실하게 마무리 지었을 때, 비로소 완성되는 것이라고 했다. 그리고 요리를 즐겁게 하려면 조리하는 동안 틈틈이 청소해야 하며, 청소하는 방법까지 자세히 설명했다. 즉 물을 끓이는 시간에 재료를 다듬은 찌꺼기를 치우고, 재료가 익는 사이에 양념 만들던 그릇을 씻으면 요리가 끝남과 동시에 부엌은 무슨 일이 있었냐는 듯 깔끔하게 정리가 된다는 것이다.

또 맛있게 식사를 하고 나면 바로 설거지를 해서, 다음 요리를 시작할 때 묵은 설거지부터 하게 되는 일이 없어야 한다고 했다. 설거짓거리가 쌓이면 새로운 요리를 해먹고 싶은 마음이 들지 않기 때문이라고 한다.

딸이 집을 장만해 집들이로 가족이 모인 적이 있다. 요리하면서 틈틈이 재료를 다듬은 찌꺼기를 치우고 양념 묻은 그릇을 씻어 놓는 딸을 보면서 흐뭇한 마음이 들었다. 엄마인 내가 가르치지도 않았는데, 이미 습관이 들어 요리 중간, 중간에 자연스럽게 치우고 정리했다. 나 또한 요리하면서 정리하는 것이 몸에 배어 있다. 지저분한 것 주변에서 요리하는 것이 싫어, 치우고 정리하면서 요리를 해야 직성이 풀린다.

책 쓰기는 사람을 성장시키는 큰 힘을 발휘한다. 무엇보다 자기계발 중에서도 최고의 자기계발이다. 내 이름이 들어간 저서가 있으면 나를 알릴 수 있는 최고의 홍보 수단이 되므로, 자신의 브랜드 가치를 더욱 높일 수 있다. 그리고 자신의 꿈을 실현하는 동시에 경제적 여유도 누리게 된다. 기업, 교육기관 등 다양한 곳에서 강연 요청이 들어와 강연가로서 살아가게 된다. 칼럼 기고와 TV 출연까지 하게 되니, 가슴 뛰는 삶으로 계속 이어진다. 책 쓰기를 통해 자신의 지식과 경험, 노하우가 누군가의 꿈이 되어 읽는 사람의 인생을 달라지게 만든다. J 에디슨은 이렇게 말했다.

"성공을 원한다면 많은 것들과 친해져야 한다. 인내심은 당신의 소중한 친구로, 경험은 친절한 상담자로, 신중함은 당신의 형제로, 희망은 늘 곁에서 지켜주는 부모님처럼 친해져야 한다."

이 말을 나는 이렇게 조금 바꾸고 싶다.

"성공을 원한다면 책 쓰기와 친해져야 한다. 책이 써지지 않을 때, 인내심은 당신의 소중한 친구로, 경험은 친절한 상담자로, 신중함은 당신의 형제로, 희망은 늘 곁에서 지켜주는 부모님처럼 친해져야 한다."

책 쓰기가 자신을 성장시킬 뿐만 아니라, 여러 사람에게 선한 영향력을 끼치게 되니, 얼마나 가치 있는 일이겠는가!

5장.

인생을 바꾸고 싶다면
당신의 책을 써라

01

책 쓰기로
가슴 뛰는 삶을 시작하다

*

무엇을 하고 싶은가에 대해 마음속에 확실히 심어두라.
그리고 나서는 옆길로 새지 말고 목표를 향해 곧장 전진해 나아가라.
당신이 하고 싶은 위대하고 찬란한 일들에 대해 생각하라.
보이지 않는 과녁은 맞출 수 없으며,
이미 존재하지 않는 목표는 볼 수 없다.

- 지그 지글러 -

*

요즈음 직장에 출근해 일할 때, 즐겁기만 하다. 새벽 4시 즈음 일어나 6시까지 약 2시간 책 쓰고 출근한 덕분이다. 이렇게 책을 쓰고 하루를 시작하니, 온종일 내가 작가라는 생각으로 행복하다. 어떤 때는 내가 이미 베스트셀러 작가가 되었다는 착각도 하게 된다. 여러 건의 공문을 처리할 것이 있어도, 스트레스를 받지 않는다. 전에는 일이 밀려 있으면 뒷머리부터 아팠다. 그런데 요즈음은 즐겁게 일하고 있다. 해야 할 일을 적어둔 메모장을 보며, 업무를 처리할 때마다 사선을 긋는 재미도 전과 다르다.

　교무실 복도로 삼삼오오 지나며 여학생들이 노래를 불러도, 지금은 정답게 들린다. '저렇게 노래를 부르며 지나는 것으로 보아, 바로 전 수업 시간이 재미있었나 보다'라는 생각이다. 짓궂은 남학생들이 큰 목소리로 떠들면서 교무실 복도로 지나면, 전에는 선생님들 업무에 지장이 있으니, 조용히 지나가라고 지도했었다. 그런데, 지금은 '명랑한 학생들이구나!'라는 생각이 든다.

　동료들과의 관계에서도 지금은 이해 안 되는 것이 없다. 전에는 '이 교사는 고집이 너무 세다, 자기주장이 너무 강해. 교사가 됐는데도 왜 분리수거를 제대로 못하지? 교무실에서 왜 저런 단어를 써서 여러 사람 기분 언짢게 만들까?' 했었다. 그런데 지금은 작가로서 내 의식이 확장되고 보니, 전에 문제로 보이는 것들이 많이 사라졌다. 사람 사는 사회에서 다 있을 수 있는 일이며, 성장 배경이 다르니 여러 성격, 여러 습관이 있을 수밖에 없다고 생각되었다.

　아파트 쓰레기 분리하는 창고에 가보면, 환경미화원에게 정말로 미안하다는 생각이 든다. 쓰레기를 함부로 버리고 가는 사람들 때문이다. 어떤 사람은 음식물 쓰레기를 비닐봉지도 제거하지 않고 통에 그대로 넣어버린다. 어떤 사람은 종이상자를 넣어야 하는 곳에 플라스틱도 던져 놓고 간다. 어떤 사람은 분리하지 않은 채, 집에서 가지고 나온 그대로 놓고 간다. 바닥에는 쓰레기봉투에 담아 버려야 할 쓰레기들이 널브러져 있다. 어느 날, 쓰레기를 분리하러 갔다가 환경미화원을 만났다. 키도 훤칠하고 인물도 좋으셨다. 일하느라 힘드실 것 같은 마음에 내가 먼저 말을 건넸다.

"일하시기 힘드시죠? 아파트 주민들이 분리를 제대로 해놓고 가면 그렇게 힘드시지 않을 텐데요."

"스트레스받으면 나만 손해입니다. 집에서도 이렇게 지저분하게 해놓고 살까 그게 궁금합니다."

대답이 시원스러웠다. 스트레스받으면 받는 사람만 손해다. 답변을 듣고 보니 인물다운 대답이었다. 쓰레기 분리장에서 가끔 내가 빗자루로 쓸 때가 있다. 타는 쓰레기봉투에 넣어야 할 것들이 바닥에 떨어져 지저분했다. 이 상황을 환경미화원이 보면 스트레스를 받을 것 같아, 빗자루로 1~2분 쓸어 모아 구석에 비치해놓은 쓰레기봉투에 넣는다. 환경미화원이 스트레스를 받지 않으려고 노력하겠지만, 청소할 때마다 왜 받지 않겠는가! 그러나 나는 스트레스는 커녕 오히려 기쁘고 행복했다. 이런 기쁨이, 이런 행복이 어디에서 왔을까? 바로 책 쓰기다. 책을 쓰고 있는 요즈음, 내 의식이 확장되었고, 늘 가슴 뛰는 하루하루를 살고 있다.

지난주에 부모님 댁 냉장고가 완전히 고장나서 주문했다. 새 냉장고가 오전 11시에 도착한다고 해, 10시 즈음 부모님 댁으로 달려갔다. 냉장고에 있는 음식, 냉동고에 있던 음식 재료들을 다 꺼내놓았다. 꺼내놓고 보니, 얼마나 많은 음식물과 재료들이 들어 있었던지, 버려야 할 것들도 있었다. 오후 1시 40분부터 여름방학 방과후

학교 수업이 있어서 빠른 동작으로 정리하기 시작했다. 남긴 음식물들을 버리기 위해 한곳에 모으고, 비운 반찬통을 씻으며, 새 냉장고에 들어갈 재료들을 구별해 한쪽에 놓았다. 큰 땀방울이 줄줄 흘러내렸다.

드디어 새 냉장고가 도착해, 10여 년 이상 사용했던 헌 냉장고를 꺼내려고 기사분들이 기울였다. 물이 부엌 바닥으로 쏟아져 흘러내렸다. 쏟아지는 물에 기사분들 양말이 젖을까 봐, 나는 빠른 동작으로 걸레 두어 개 갖다가 닦고 또 닦았다. 드디어 헌 냉장고가 밖으로 나가고 새 냉장고가 들어왔다. 새것이 들어오니, 부엌이 확 달라 보였다. 얼마나 좋은지 "의이신위호 인이구위호(衣以新爲好 人以舊爲好)(옷은 새 옷이 좋고, 사람은 옛사람이 좋다. 즉, 물건은 새 것이 좋고, 사람은 오래 두고 사귄 사람일수록 좋다는 뜻)"라는 말이 떠올랐다.

새 냉장고에 음식 재료들을 정리하기 시작했다. 고춧가루, 찧어놓은 마늘, 들깻가루 등을 냉동실에 하나씩 넣었다. 딸이 나에게 붙여준 별명이 있다. 바로 '정리의 신'이다. 이 별명을 떠올리면서 정리하니, 힘이 더 났다. 나는 정리에 자신 있다. 그 어떤 상황에서도 내가 정리하면 180도 달라진 환경을 접하게 된다. 물론 불필요한 물건들은 버려야 정리가 된다는 전제하에 말이다.

교직에 있는 내가 은퇴를 앞두고 책을 쓰기 시작한 목적은 제2의 인생을 살고 싶어서이다. 책을 써보니, 출판하지도 않았는데 제2의 인생을 살게 되었다. 삶이 즐거워진 것이다. 삶에 활력이 생겼고 행복해진 것이다. 이렇게 달라진 나를 발견하고 스스로 깜짝 놀랐다. 직장에서 퇴근해 부모님을 찾아뵙고, 조카도 돌보는 이 무한한 에너지가 어디에서 생길까? 내 성격에 차지 않는 사람을 이해하는 이 넓은 마음이 어디에서 왔을까? 바로 책 쓰기이다.

카네기는 가난한 집안에 태어나 젊은 시절 갖은 고생을 해야 했다. 춥고 배고팠던 청년 시절, 카네기는 우연히 한 그림을 보고, 그 자리에 얼어붙고 말았다. 바로 그림 속 나룻배 아래에 화가가 적어 놓은 글귀 때문이다.

"반드시 밀물이 밀려오리라. 그날 나는 바다로 나아가리라."

카네기는 이 글귀를 가슴에 새기고 자신을 북돋웠다. 앞이 보이지 않는 자신의 인생에도 언젠가는 밀물이 밀려올 때가 있을 것이라고 믿으며, 아무리 힘든 일이 닥쳐도 꿋꿋이 견뎌냈다. 마침내 시련을 딛고 일어나 세계적인 부호가 되었다. 어려운 시절, 자신에게 희망과 용기를 심어 준 그 그림을 아주 비싼 값에 사들였다. 그 후 카네기는 자신의 이름을 딴 재단을 만들어, 그동안 모은 재산으로 자선활동과 교육활동을 펼쳤다.

내 인생에도 지금 밀물이 밀려오고 있다. 책 쓰기가 나를 가슴 뛰는 삶으로 초대한 것이다. 힘들고 지쳤던 내 삶이 책 쓰기를 통해 회복되었다. 그리고 이젠 나를 변신시키고 있다. 은퇴할 무렵, 이렇게 제2의 인생을 시작하면서 꿈 너머 꿈을 꾸고 있다. 앞으로 작가, 강연가, 1인 창업가로서 책 쓰기 코칭을 할 것이다.

프로스트의
<가지 않은 길>을 가다

지난날을 돌아보면, '그때 그 말을 하지 않았다면, 내가 그렇게 마음 아파하면서 후회하지 않았을 텐데', '내가 좀 참아서 그런 행동을 하지 말았어야 했는데'라고 후회할 때가 있다. 이런 것들은 스스로 합리화하면서 넘겨버리려고 노력하면, 잊어지기도 한다. '그 당시 그 생각은 누구나 할 수 있는 생각이야. 그러니 그런 말을 할 수밖에 없지!', '그 상황에서는 누구라도 그런 행동을 했을 거야', '괜찮아, 그렇게라도 행동해서 그 위기를 모면한 것 아냐!'라고 말이다. 그런데, 인생 전체를 두고 볼 때, 스스로 용납이 되지 않을 정도로 후회되는 큰일들이 몇 가지 있다. 아무리 합리화해 넘겨버리려고 해도, 전혀 아닌 것이다. 내 인생길에서 내가 큰 실수를 한 것이다. 합리화하려고 하면 할수록 가슴을 쓸어내리며 과거의 잘못된 선택에 대해 헤어 나오지 못할 때가 있다. 누가 봐도 엎질러진 물이다. 되돌릴 수가 없다. 내 인생에서 나는 몇 번이나 선택을 잘못했을까? 내가 어느 길로 갔어야 나의 진짜 인생이 펼쳐졌을까? '인생길에 대한 선택'하면 떠오르는 시가 있다. 로버트 프로스트의 〈가지 않은 길〉이다.

노란 숲속에 길이 두 갈래로 났었습니다.
(중략)
그리고, 똑같이 아름다운 다른 길을 택했습니다.
(중략)
그리고 그것 때문에 모든 것이 달라졌다고.

이 시는 인생에서 마주치는 선택의 문제에 대해 말하고 있다. 그리고 선택하지 않은 길에 대한 미련과 아쉬움을 표현하고 있다. 많은 사람이 잘못된 선택으로 달라지는 인간의 운명 앞에서 이 시를 떠올리며 말한다. "그것 때문에 모든 것이 달라졌다고."

나 또한, '가지 않은 길'에 대한 미련으로 잠 못 이룰 때가 있었다. 그런데, 요즈음 내가 탁월한 선택을 한 것이 있다. 내 인생길에서 바로 책 쓰기를 선택한 일이다. 책을 쓰기 시작하면서 강연가로서의 삶도 꿈꾸게 되었다. 더 욕심을 내어 책 쓰기 코칭도 꿈꾸게 되었다. 이렇게 책 쓰기는 꿈 너머 꿈을 꾸게 만든다.

작가로서 책을 쓰면서 밭농사 중, 고구마 캐던 일이 생각났다. 부모님이 농사를 지으셨기 때문에 밭일을 종종 도와드리곤 했다. 들깨를 심고 김매기하고, 고구마를 심고 김매기를 했다. 그런데, 잡초의 생명력이 얼마나 강한지, 김매기를 한 후 비가 한 번 내리면 풀이 성큼 자랐다. 그러면 김매기를 또 해야 한다. 이렇게 두어 번 김매기를 하면 밭 농작물은 대부분 수확을 하게 된다. 밭농사는 매우 힘들지만, 즐겁고 보람 있을 때가 있다. 바로 수확할 때다. 그중, 고구마 캐기가 가장 재미있다.

고구마 수확은 일의 순서가 있다. 먼저 고구마 줄기를 낫으로 모두 자른다. 그리고 고구마를 캐기 쉽도록 줄기를 밭 가로 모두 꺼내어 치운다. 그다음, 비닐을 걷어낸다. 그리고 고구마를 캐기 시작한다. 고구마 줄기 밑 부분을 한 손으로 잡고, 다른 한 손은 호미로 두둑의 흙을 파 내린다. 지금은 기계로 고구마를 캐는 농가가 많이 늘어났지만, 그때는 호미로 캤다. 크고도 미끈한 고구마가 땅 속에 몇 개나 묻혀 있을지 기대하며 흙을 파내린다. 한 뿌리에서 탐스러운 고구마를 여러 개 캐게 되면 '야호' 소리가 저절로 나온다. 고구마를 캐본 사람은 알 것이다. 한두 개 캐려고 했는데, 호박 덩굴 걷을 때 호박 달려 나오듯 줄줄이 따라 나올 때의 그 희열을. 그리고 또 기대하면서 고구마를 캐게 된다.

내가 책 쓰기를 시작해보니, 책 쓰기가 바로 고구마 수확과 흡사하다. 가을에 고구마를 캐는 기분이다. 탐스러운 고구마가 가슴 뛰는 작가로 사는 삶이요, 강연가로 사는 삶이다. 그리고 책 쓰기 코칭이다. 미국 대통령이었던 버락 오바마는 이렇게 말했다.

"당신의 인생을 돈벌이에만 쏟아붓는 것은 야망의 빈곤을 나타낼 뿐이다. 당신 자신에게 너무나 하찮은 것만을 요구하는 꼴이다. 당신이 현재의 당신을 뛰어넘는 큰 뜻을 펼치고자 할 때야. 비로소 진정한 당신의 잠재력을 발휘할 수 있다."

현재 당신은 당신을 뛰어넘는 큰 뜻을 펼치고 싶은가? 그렇다면 당신의 잠재력을 발휘할 때가 되었다는 뜻이다. 그런데, 사람은 타고난 재능보다는 확고한 결단력이 더 중요할 때가 있다. 확고한 결단력을 내려 실천으로 옮긴다면, 무한한 잠재력을 발휘할 수 있다. 그리고 아름답고 풍요로운 미래를 보장받을 수 있다. 결단을 내려야 기회를 붙잡게 되고, 기회를 붙잡으면 묻어두었던 꿈은 이루어진다.

미국의 대통령이었던 존 F. 케네디는 1962년 라이스대학 연설에서 '10년 이내에 인간이 달 위를 걷게 하겠다'라고 선언했다. 그러나 수많은 과학자가 그것은 '불가능하다'라고 했다. 그때 케네디는 그들과 논쟁하는 대신, 한 자리에 모아놓고 그 일이 왜 불가능한지 명확한 이유를 대라고 말했다. 물론 과학자들은 자신의 모든 지식과 연구 결과를 총동원해서 '유인 우주선이 달 위에 착륙할 수 없는 이유'를 정리해서 제출했다. 그 후 케네디는 다시는 그들을 만나지 않았다. 그 대신 '가능하다'라고 말한 과학자들만 만났다. 그리고 그들과 함께 '불가능하다'라고 말한 과학자들이 들이댄 '불가능한 이유'들에 대해 조목조목 해결책을 찾아냈다. 결국, 1969년 8월 닐 암스트롱은 달 위를 걸었다.

나와 생각이 같지 않은 사람과는 같이 걷기가 편하지 않다. 마치 신발에 들어간 모래알 같다. 편안하게 길을 가려면, 반드시 신발 속의 모래알을 꺼내어 버리고 가야 한다. 인생길에서도 마찬가지다. 어떤 일을 추진하는 데도 마찬가지다. 내 생각이나 가치관과 다른 사람과는 같이 일하기 어렵다. 케네디 대통령처럼 확고한 신념과 결단이 필요하다. 당신도 지금 어떤 일을 추진하고 있는가? 지금까지의 삶과 다른 길을 걷고자 제2의 인생을 꿈꾸고 있는가? 그렇다면 결단이 필요하다.

난 은퇴 이후의 삶에 대한 막연한 두려움을 가지고 있었다. 아무 계획도 없이 세월을 보내기가 싫었다. 은퇴 후에도 내가 진정으로 원하는 일을 하며 살고 싶었다. '간절히 원하면 꿈은 이루어진다'라고 했듯이, 이 말이 진실이었다. 책 쓰기를 만난 것이다. 책 쓰기를 시작하면서 은퇴 이후의 삶에 대한 걱정이 사라졌다. 오히려 꿈 너머 꿈을 꾸기 시작했다. 이렇게 나는 지금 '가지 않은 길'

을 가고 있다. 은퇴를 앞두고 제2의 인생길을 걷고 있다. 훗날에
나는 이야기할 것이다. 은퇴할 무렵, 지금까지 가지 않았던 저자
의 길을 선택하기 잘했다고. 그리고 이 선택으로 인해, 내 인생이
달라졌다고.

책을 써야
인생이 완성된다

*
내가 아직 살아 있는 동안에는
나로 하여금 헛되이 살지 않게 하라.

- 에머슨-
*

10여 년 전, 오츠 슈이치의 《죽을 때 후회하는 스물다섯 가지》
를 읽은 적이 있다. 1,000명의 죽음을 지켜본 호스피스 전문의이자
수년 간 말기 암 환자를 진료한 의사가 인생의 마지막 순간을 앞둔
사람들이 가장 많이 하는 후회, 스물다섯 가지에 대해 말하고 있다.
죽을 때 후회하는 것들 중에 첫째로 꼽는 것이 '사랑하는 사람에게
고맙다는 말을 많이 했더라면'이었다. 그렇다. '고맙다'는 말을 우리
는 일상생활에서 충분히 할 수 있는 상황인데도 하지 않는 경우가
많다. '고맙다'는 말을 많이 했더라면 사랑을 더 많이 받았을 텐데
말이다. 그리고 '진짜 하고 싶은 일을 했더라면', '조금만 더 겸손했

더라면', '친절을 베풀었더라면'이다. 이어서 '나쁜 짓을 하지 않았더라면', '꿈을 꾸고 그 꿈을 이루려고 노력했더라면', '감정에 휘둘리지 않았더라면', '만나고 싶은 사람을 만났더라면', '기억에 남는 연애를 했더라면', '죽도록 일만 하지 않았더라면', '가고 싶은 곳으로 여행을 떠났더라면', '고향을 찾아가 보았더라면', '맛있는 음식을 많이 맛보았더라면'이었다.

이 중에, 내가 당장 내가 실천할 수 있는 것이 무엇인가 살펴보았다. 바로 '맛있는 음식을 많이 맛보았더라면'이었다. 그동안 망고를 먹고 싶어했으나, 비싸서 사 먹지 못했다. 당장 과일가게로 달려갔다. 싱싱한 망고는 색상이 좀 흐린 연노란 빛으로 여러 개 있었다. 그런데 그 옆을 보니, 주름은 좀 생겼지만, 진노란 색상의 망고 2개가 있었다. 나는 색상이 짙은 망고를 선택했다. 집으로 급히 돌아와 물로 깨끗이 씻은 다음, 망고를 길쭉하게 반으로 갈랐다. 망고의 속살이 얼마나 예쁘던지, 겉보다 속이 더 진노란 빛이었다. 난 먹어 보기도 전에 벌써 군침이 돌았다. 천천히 한 입 베어 무니, 이렇게 맛있는 망고일 줄이야! 그동안 먹어 본 그 어느 망고와도 비교가 되지 않았다. 좀 시든 망고를 고른 것이 탁월한 선택이었다. 겉만 수분이 좀 사라졌을 뿐, 속은 그대로 유지하고 있었다. 당도는 더 높아졌다. 이때 먹은 망고 맛을 잊을 수 없다.

죽음을 앞둔 말기 암 환자들은 식욕이 완전히 떨어지거나 최악의 경우 미각이 없어지기도 했다. 아무리 맛있는 음식을 입에 넣어도 모래알 씹는 것과 같다는 것이다. 건강한 사람들은 잘 이해가 되지 않겠지만, 모래알을 목으로 넘길 수 없듯이 맛있는 망고도 넘길 수 없다는 것이다. 어느 말기 암 환자는 유명한 스시 집에 가서 마지막 만찬을 했는데, 맛을 전혀 느끼지 못했다고 한다. 오츠씨는 건강을 잃기 전에 맛있는 것을 많이 먹어두라고 조언했다.

그리고 또 하나, '죽도록 일만 하지 않았더라면'을 앞으로 꾸준히 실천해서 죽을 때 후회하지 않겠다. 지금까지 일벌로 살았으니, 여왕벌로도 살아봐야 하지 않겠는가!

이 외에도 죽을 때 후회하는 것들이 많았다. '결혼했더라면', '자식이 있었더라면', '자식을 혼인시켰더라면', '유산을 미리 염두에 두었더라면', '내 장례식을 생각했더라면', '내가 살아온 증거를 남겨두었더라면', '삶과 죽음의 의미를 진지하게 생각했더라면', '건강을 소중히 여겼더라면', '좀 더 일찍 담배를 끊었더라면', '건강할 때 마지막 의사를 밝혔더라면', '치료의 의미를 진지하게 생각했더라면'이다. 후회하는 것들을 보면, 공통적인 것이 '무엇을 했더라면'과 '무엇을 하지 않았더라면'이다. 이런 것들은 우리가 다 알고 있는 것들이고 할 수 있는 것들이다. 실천만 하면 되는 것들이다. 그런데 실천하지 못해 죽을 때 크게 후회하는 것들이다. 죽을 때는 죽음에 대해 생각하기보다 삶에 대한 후회를 더 많이 하는 것처럼 느껴졌다.

이 땅에 사는 동안 해야 할 일들이 많이 있다. 죽을 때 후회하는 것들은 죽기 전 꼭 해야 할 일들이다. 적은 유산이라도 어떻게 물려

쥐야 할지 미리 문서로 작성해 두어야 하고, 자신의 장례식을 어떻게 치를지도 계획을 세워 두어야 한다. 이렇게 죽을 때 후회하는 것들을 하나씩 실천하는 것도 잘 살아가는 한 방법이다.

그런데 이런 것들을 실천한다고 해서 인생이 완성되는 것이 아니다. '내가 살아온 증거를 남겨 두었더라면'을 실천해야 인생이 완성된다. 이것을 실천하는 최고의 방법이 책 쓰기이다. 이 후회를 하지 않기 위해, 난 지금 책을 쓰고 있다. 책을 써보니, 내가 살아온 증거를 남길 뿐만 아니라, 얼마나 즐겁고 행복한지, 가슴 뛰는 삶을 살고 있다. 나도 열아홉 번째 후회를 하면서 이 세상을 하직할 뻔했다.

책을 쓰기 시작하면서 내 인생을 돌아보게 되었다. 태어나면서부터 지금까지의 삶을 돌아보니, 우연한 일은 없었다. 나의 과거는 미래에 연결되어 있다는 것을 깨닫게 되었다. 나의 삶 모든 여정을 하나님은 주관하고 계셨다. 내가 무슨 일을 하든지 어디로 가든지 하나님 계획 안에 내가 있었음을 깨닫게 되었다.

구약 시대의 사울은 하나님의 계획 안에 있었던 사람임을 잘 보여주고 있다. 몇 마리의 나귀를 잃은 기스는 아들 사울에게 하인과 함께 찾아오라고 했다. 그래서 그들은 여기저기 돌아다녔으나 찾지 못한 채, 며칠을 보내게 되었다. 이에 사울은 아버지가 염려할 것을 걱정해 하인에게 돌아가자고 했다. 그러나 하인은 되돌아가기 전에, 한번 자문을 구해보는 것이 어떻겠냐고 제안했다. 하인의 제안에 동의한 사울은 하인과 함께 하나님의 사람이 있다는 성으로 발걸음을 옮긴다. 이들이 성으로 막 들어가려 할 때, 길에서 사무엘과 마주쳤다. 사울은 사무엘에게 선견자의 집을 가르쳐달라고 했다. 그때 사무엘은 자신이 그 선견자라고 말하면서 이렇게 말했다.

"너는 내 앞서 산당으로 올라가라 너희가 오늘날 나와 함께 먹을 것이요. 아침에는 내가 너를 보내되 네 마음에 있는 것을 다 네게 말하리라(삼상 9:19)."

이 말은 사무엘이 사울에게 이스라엘의 지도자가 될 것을 전한 것이다. 사울은 자신이 민족을 이끌 만한 자격이나 역량이 없다고 답변했지만, 사무엘은 그런 사울에게 기름을 부어 이스라엘의 왕으로 삼았다. 이렇게 사무엘과 마주친 것은 우연이 아니었다. 전날 하나님이 사무엘에게 백성을 다스리게 될 사울을 만나라고 미리 알려주신 것이다.

하나님은 사울의 모든 여정을 주관하셨다. 나귀들을 잃게 해 사울이 하인과 나귀를 찾아 나서도록 하셨다. 사울이 나귀 찾는 것을 포기하려고 했을 때, 하나님은 하인의 마음을 움직여 인근 성읍으로 선지자를 찾아갈 것을 제안하도록 하셨다. 또한, 하나님은 선지자 사무엘이 사울을 기다리도록 하셨다. 이렇게 하나님의 계획은 한 치의 오차도 없이 실현되었다.

우리의 삶도 마찬가지다. 우리는 하나님의 계획에 의해 살고 있다. 우리는 모르지만, 우리를 목적지로 이끌 정확한 계획을 하나님은 갖고 계신다. 우리 자신이 어떤 일을 계획해 추진하더라도, 그 길을 인도하시는 분은 하나님이시다. 그러므로 어떤 일을 계획해 추진하고 있을 때, 자신의 계획대로 성사되지 않는다고 해 굳이 낙심할 필요가 없다. 그럴만한 이유가 다 있기 때문이다. 잠언 16장 9절에 이런 성경 말씀이 있다.

"사람이 마음으로 자기의 길을 계획할지라도 그 걸음을 인도하시는 분은 여호와이시다."

내가 은퇴할 무렵, 이렇게 책을 쓰고 있는 것도 하나님의 계획 안에 있음을 난 안다. 새벽에 일어나 책을 쓰고 출근하다 보니, 운전할 때에도 소제목을 어떻게 전개해나갈지 생각하곤 한다. 책을 쓰면서 나 자신을 돌아보게 되었고, 내 인생을 정리하게 되었다. 그리고 인생이 무엇인지도 알게 되었다.

지금 이 책을 읽고 있다면, 책 쓰기를 꼭 해보기 바란다. 자신이 살아온 증거를 남기는 데는 책 쓰기가 최고이다. 후에 '내가 책을 썼어야 했는데, 나의 삶도 책으로 펴낼 수 있을 만큼 가치 있는 삶이었는데' 하고 후회하지 않기를 바란다. 꿈과 열정만 있으면 책 쓰기를 할 수 있다. 그리고 책을 쓰게 되면 어떤 과정을 거쳐 출판하게 되는지도 알게 된다. 나 또한 꿈과 열정으로 책 쓰기 시작해, 지금은 책 쓰기를 희망하는 사람들에게 희망의 메신저로 활동할 계획이다.

　책을 쓴다는 것은 자신이 살아온 증거를 남기는 것이며, 동시에 인생을 완성하는 것이다. 미완성인 자신의 인생을 확실하게 완성하고 싶다면 책 쓰기를 해야 한다. 책을 써야 인생이 완성된다.

04

당신의 삶도 이미
베스트셀러이다

*

인생을 살아가는 데는 오직 두 가지 방법밖에 없다.
하나는 아무것도 기적이 아닌 것처럼, 다른 하나는
모든 것이 기적인 것처럼 살아가는 것이다.

- 알버트 아인슈타인-

*

이 땅에 사는 사람들 모두는 개인 고유의 삶이 있다. 한 부모 밑에서 태어나고 자란 형제자매들도 전혀 다른 삶을 살아가고 있다. 일란성쌍둥이도 태어날 때는 똑같아 보이지만, 삶은 똑같지 않다. 이 말은 인생은 각자의 스토리가 있다는 것이다. 그래서 각자의 삶을 책으로 펴낸다면, 모두 다른 삶의 베스트셀러가 될 수 있다.

대부분의 사람들은 책 쓰기를 매우 어려워한다. 나 또한 책 쓰기를 시작하기 전에는 그랬다. 어떤 장르의 책을 쓸 것인가? 어떤 주제로 책을 쓸 것인가? 고민을 많이 했다. 그 결과, 현재 하는 업무, 직업, 은퇴 후의 삶을 토대로 나를 퍼스널 브랜딩이 가능한 책을 기획했다. 장르, 가제, 기획 의도, 예상 원고 내용, 대상 독자, 경쟁 도서, 집필 기간 등을 넣어 집필 계획서를 작성했다. 그다음 목차를 정해 책을 쓰기 시작하니, 삶의 모든 순간이 책 쓰기 소재가 되었다.

당신은 어떤 책을 쓰고 싶은가? 아침에 일찍 일어나 맑은 공기를 마시며, 스트레칭하는 건강 관련 책을 펴낸다면 건강서가 될 것이다. 자녀를 키웠던 사람이나 현재 키우고 있는 사람이 육아 관련 책을 펴낸다면 육아서가 될 것이다. 여행을 다녀온 이야기를 책으로 펴낸다면 여행서가 될 것이다. 영어나 수학 학습 관련 책을 펴낸다면 학습서가 될 것이다. 그러므로 삶의 모든 순간이 책 쓰기 소재요, 삶의 모든 경험이 이미 베스트셀러의 글감이다. 당신의 지식, 경험, 깨달음, 삶의 노하우, 신앙생활, 삶의 철학 등이 모두 책 쓰기의 좋은 글감들이다. 베스트셀러의 삶이 아닌 사람은 없다. 사람마다 각양각색의 스토리가 있기 때문이다.

《스물아홉 생일, 1년 후 죽기로 결심했다》는 하야마 아마리가 스물아홉 생일로부터 1년간의 실화를 바탕으로 기록한 자전적 에세이다. 이 작품은 스물아홉의 나이에 1년의 시한부 인생을 자신에게 선고할 수밖에 없었던 이야기다. 그녀는 변변한 직장도 없고, 애인에게 버림받았으며, 73kg이 넘는 못생긴 외톨이었다. 하야마 아마리는 혼자 우울한 스물아홉 생일을 보내던 중, 캄캄한 터널과 같은 자신의 인생에 절망하며 자살을 결심한다. 그러나 죽을 용기도 없는 자신을 발견하고 다시 크게 좌절한다.

그런데 텔레비전 화면에 무심코 시선을 던진 그녀는 눈앞에 펼쳐진 아름다운 세계, 라스베이거스에서 최고로 멋진 순간을 맛본 뒤에 죽으리라 결심하게 된다. 그리고 1년의 시한부 인생을 자신에게 선고한다. 그런데 절망에 빠져 있을 때는 혼자만 힘들다는 생각에 괴로워했지만, 1년의 치열한 삶을 통해 그렇지 않다는 것을 깨달았다고 이야기하고 있다. 죽음을 앞두고 살아가는 인간이 갖는 놀라운 힘을 이 책에서는 말하고 있다.

그녀는 얼굴 없는 작가로 베일에 싸여 있다가, '제1회 일본 감동 대상'에서 대상을 수상하면서 혜성같이 등장한 작가다. 가명인 '아마리(余リ)'는 일본어로 '나머지, 여분'이란 뜻으로, '스스로 부여한 1년치 여분의 삶'이라는 의미를 담고 있다. 그러면 하야마 아마리처럼 죽기로 하고 치열하게 사는 삶만이 베스트셀러 작가가 될 수 있는가? 절대 그렇지 않다. 베스트셀러의 삶이 아닌 사람은 없다.

'2019년 베스트셀러 3순위'를 네이버에서 검색해 보았다. 1위가 《철학은 어떻게 삶의 무기가 되는가》였다. 저자 야마구치 슈는 누구보다 비즈니스 현장에서 철학을 유용하게 사용해온 사람이다. 경영학 학위, MBA도 없이 세계 1위 경영 인사 컨설팅 기업콘페리 헤이 그룹의 임원 자리에 오른 사람으로, 삶의 무기가 되어주는 철학에 관한 이야기를 들려준다.

2위는 《고요할수록 밝아지는 것들》로, 혜민 스님이 경험한 이야기를 전하고 있다. 마음이 고요해졌을 때 자신의 마음을 천천히 살펴보면 고요 속의 지혜가 답을 줄 것이라고 혜민 스님은 이야기한다. 복잡하고 소란한 세상 속에서 자기 자신을 잃어가는 사람들에게 내가 누구인지, 진짜 하고 싶은 일은 무엇인지 찾아갈 수 있는 길을 안내해주고 있다.

3위는 김수현의 《나는 나로 살기로 했다》이다. 이 책은 '나'로 살기 위한 뜨거운 조언들이다. 온전한 '나'로 살기 위해 무엇이 필요한지 말해주고 있다. 돈 많고 잘나가는 타인의 SNS를 훔쳐보며 비참해질 필요가 없고, 자신에게 변명하고 모두에게 이해받으려 애쓰지 말라고 이야기하고 있다.

이번에는 '2020년 상반기 베스트셀러 3순위'를 네이버에서 검색해보았다. 온라인 서점 예스24, 인터파크 도서, 알라딘, 교보문고 (인터넷과 오프라인 매장)의 판매 자료를 기반으로 올해 상반기 독자들이 가장 많이 읽은 책이다.

1위는 《더 해빙》(이서윤, 홍주연, 수오서재), 2위는 《존리의 부자되기 습관》(존리, 지식노마드), 3위는 《1cm 다이빙》(태수, 문정, 피카) 순이었다. 이렇게 각자의 경험, 지식, 삶에서의 깨달음, 철학 등을 바탕으로 책을 써서 베스트셀러 자리에 올랐다.

나는 하야마 아마리처럼 치열하게 살지는 못했다. 지극히 평범한 직장인의 삶이다. 아침에 출근해 직장에서 근무하고 퇴근하면 부모님을 보살펴 드리거나 귀가해 휴식을 취한다. 그런데 책을 써보니, 직장에서의 업무나 학생들을 지도한 경험, 부모님을 보살펴 드린 경험, 교직원들 간의 관계에서 얻은 깨달음 등, 나의 경험, 지식, 가치관 모두가 책 쓰기 소재가 되었다. 이렇게 삶 자체가 책 쓰기 소재로, 어떠한 경험이나 깨달음도 쓸모없는 것은 아무것도 없다.

이제 당신이 경험한 것들을 회상해보길 바란다. 지금까지 살아오면서 겪은 수많은 경험으로 여러 권의 책을 쓸 수 있다. 건강을 잃었다가 회복한 경험은 건강에 관한 이야기를 쓸 수 있다. 좋은 음악으로 우울증이 사라진 경험은 음악의 우수성에 관해서 쓸 수 있다. 인간관계에 대해 어려움을 겪었다면 인간관계 기술에 관한 책을 쓸 수 있다. 회사에서 경영하고 있다면 경영철학에 관해 쓸 수 있다. 이렇게 삶의 모든 순간이 책 쓰기 소재요, 인간 삶 자체가 여러 권의 책이다.

내가 책 쓰기를 시작하면서 삶의 모든 경험이 책 쓰기 소재가 된다는 것을 깨닫고, 주변 사람들에게 책을 쓰라고 권했다. 그런데 대답은 이러했다.

"아직 경험이 부족해서 쓰지 못하겠어요."
"난 글 쓰는 소질이 없어요."
"책 쓰기에는 조금도 관심이 없어요."
"책은 아무나 쓸 수 없잖아요."

다시 한 번 더 강조하지만, 삶의 모든 순간이 책 쓰기 소재이다. 그리고 백 권의 책을 읽는 것보다 한 권의 책을 쓰는 것이 훨씬 더 많은 것을 배우게 된다. 그러므로 책 쓰기는 선택이 아니라 필수이다. 한 번뿐인 인생이니까.

사람은 최고의 삶을 살아갈 의무가 있다. 모든 사람이 최고의 삶을 살아가도록 특권을 받고 태어났기 때문이다. 지금부터 직장인은 퇴근해 틈틈이 책 쓰기에 시간과 열정을 투자하기 바란다. 주부는 쌓여 있는 집안일로 지쳐 있을 때, 책 쓰기로 삶의 즐거움과 행복을 회복하기를 바란다. 책 쓰기는 인생을 주도적인 삶으로 바꾸어 주고, 활력이 넘치는 일상을 갖게 할 것이다. 책을 펴내는 순간 독자에서 저자로 바뀌어 세상의 주인공이 될 것이다.

05

인생을 바꾸고 싶다면
당신의 책을 써라

*
가장 중요한 것은 용기를 갖는 것이다.
이미 마음과 직관은 무엇을 원하는지 알고 있다.

- 스티브 잡스-
*

당신의 삶에 만족하는가? 지금보다 나은 삶을 원하는가? 인생을 바꾸고 싶은가? 그렇다면 당신의 이름을 새긴 당신의 책을 써라. 저서는 전 세계를 돌아다니며 당신을 알리게 될 것이다. 당신의 지식, 경험, 삶의 노하우, 철학이 저서를 통해 독자들을 만나게 될 것이다. 먼 훗날, 당신이 이 땅에 없더라도 저서는 독자와 만나면서 계속 대화를 나눌 것이다. 저서는 곧 당신의 분신이다.

지금부터는 책을 쓸 때의 유의사항 몇 가지를 살펴보고자 한다. 첫째, '어떤 책을 쓸 것인가?'이다. 책은 다양한 장르가 있다. 자기계발서, 시, 소설, 수필, 희곡, 평론, 자녀교육, 건강, 요리, 학습서 등이다. 책을 쓰려면 먼저 장르를 정해야 한다. 장르를 정해야 제대로 된 책을 쓸 수 있기 때문이다. 장르를 정하는 방법으로 가장 좋은 것은 자신이 지금 하는 일과 연관 짓는 것이 좋다. 즉 직장인들은 자신의 전문 분야의 책을 쓰는 것이 좋다. 자신의 업무를 바탕으로 책을 쓰면 내용을 더욱 풍성하게 할 수 있고, 전문성을 나타낼 수 있기 때문이다. 또한 자신의 취미와 관련된 주제로 책을 쓰는 것도 좋다. 독자들에게 필요한 정보 즉 경험, 지식, 철학, 삶의 노하우를 알리면서 자신을 브랜딩할 수 있기 때문이다.

둘째, '콘셉트 정하기'이다. '콘셉트(concept)'는 국어사전에 '어떤 작품이나 제품, 공연, 행사 따위에서 드러내려고 하는 주된 생각'이라고 쓰여 있다. 그러므로 책 제목이 바로 콘셉트다. 콘셉트는 책 쓰기에서 매우 중요하기 때문에 출판사에서 편집자들은 제목 짓기가 가장 힘들다고 말한다. 어떤 편집자는 이렇게도 말한다.

"제목에 따라 그 책의 성패가 좌우된다고 해도 과언이 아니에요. 그래서 출판사들은 독자들의 눈길을 사로잡을 수 있는 제목을 짓기 위해 전쟁을 벌이고 있죠. 책의 콘텐츠가 아무리 뛰어나다고 해도 제목이 별로라면 독자가 그 책을 펴보지 않아요. 그러면 그 책은 얼마 지나지 않아 사장되고 말죠. '내 아이의 이름을 지을 때 이렇게 정성을 들일 수 있을까?' 책 제목을 정할 때마다 드는 생각입니다."

이렇게 제목 짓기가 힘들다 보니, 제목을 잘 짓는 편집자가 출판사에서는 유능한 직원으로 인정받는다. 사람들이 책을 고를 때 가장 먼저 시선이 가는 곳이 제목이기 때문이다. 그래서 책 제목은 최고의 마케팅 수단으로, 출판사에서는 인쇄 직전까지 고민하게 된다.

제목 짓기에 관한 일화가 있다. 베스트셀러《칭찬은 고래도 춤추게 한다》는 처음에는 다른 제목이었다. 켄 블랜차드의 저서인 이 책의 원제는《Whale Done》으로, 국내에 번역서로 들어왔을 때의 제목은《You Excellent》이었다. 이 제목은 '잘했다'라는 의미 'well done'이다. 실제로 미국 플로리다 씨월드의 조련사들이 난폭한 범고래와 친구가 되어 멋진 쇼를 펼치는 모습에서 칭찬의 위력에 착안해내어 제목을 지었다고 한다. 그리고 'well done'의 의미를 살리려고, 처음 번역서가《You Excellent》로 출간된 것이다. 그런데 예상외로 판매가 부진했다. 이 책의 번역을 맡은 한국블랜차드컨설팅 조천제 대표는 "책이 나오고 나서 책에 대한 반응이 신통치 않아 제목을 바꾸어야겠다고 생각했다"고 한다. 이렇게 해서 제목이 바뀌어 출간된 책이 바로《칭찬은 고래도 춤추게 한다》이다.

책 제목은 최고의 마케팅 수단이 되고 있다. 그래서 베스트셀러는 바로 콘셉트가 좋은 책이다. 책을 펴보기 전에 제목만 보아도 이 책이 무엇을 말하려는지 알 수 있는 책이다. 서울대학교 김난도 교수의《아프니까 청춘이다》는 출간된 지 1년도 되지 않아 100만 부가 넘게 팔린 베스트셀러이다. 청춘들에게 따뜻한 마음의 위로를 건네주는 제목처럼, 격려와 희망의 메시지가 이 책의 확실한 콘셉트다.

셋째, '목차'이다. 독자들은 책을 살 때 제일 먼저 제목을 보고, 그다음 목차를 본다. 목차를 보면 작가가 무엇을 쓰고자 했는지 한눈에 알아볼 수 있기 때문이다. 따라서 제목을 잘 나타낼 수 있도록 효과과 있으면서도 세련된 목차로 구성해야 한다. 목차가 제대로 구성되어 있으면 집필하기가 쉽다. 왜냐하면 콘셉트의 방향을 잡아주기 때문에, 책을 쓸 때 곁길로 새지 않는다. 목차가 책 쓰기의 절반이라고 말하는 이유가 바로 여기에 있다.

넷째, '출간계획서 작성'이다. 출간계획서는 책 쓰기를 끝까지 완성하는 힘이 된다. 출간계획서에는 기획 의도, 가제, 예상 원고 내용, 대상 독자, 집필 기간, 경쟁 도서 분석, 저자 프로필, 마케팅 전략이 들어가야 한다.

① 기획 의도는 왜 이 책을 쓰고자 하는지 의도를 적는 것이다. 이 책의 콘셉트와 직결되므로 다른 책과 차별화되는 내용으로 기술하는 것이 좋다.
② 가제는 책의 내용을 한눈에 알 수 있는 것이 좋다. 출판사에서 제목을 정하기 전까지의 제목이다. 책의 모든 내용을 포괄하고 있으면서도 개성 있는 것이라야 한다.
③ 예상 원고 내용은 각 장에 들어갈 내용을 적는 것으로 원고 방향을 정하는 것이다.
④ 대상 독자는 확실히 정해야 한다. 모든 독자를 만족시키려고

하다가 어느 독자층도 제대로 만족시키지 못할 수 있다.

⑤ 집필 기간은 정한 기간 안에 집필을 마치겠다는 선포이다. 여기에서 주의할 점은 집필 기간을 너무 길게 정하면 초고완성은 힘들어진다. 그리고 출판시장의 흐름이나 콘셉트의 유행이 지나가버리는 일도 있다.

⑥ 경쟁 도서를 분석하는 목적은 경쟁 도서를 통해 현재 트렌드를 파악할 수 있고, 경쟁 도서보다 한 단계 업그레이드시켜 책을 쓸 수 있기 때문이다.

⑦ 저자 프로필도 중요하다. 저자의 경력을 자세히 쓰면 된다.

⑧ 마케팅 전략은 책이 출간된 후 책을 어떻게 홍보할 것인가에 대한 전략이다.

다섯째, 장르, 제목, 목차를 정하고 출간계획서까지 작성했으면, 다음은 '사례 찾기'로 들어가야 한다. 사례는 각 소제목에 들어갈 사례이다. 사례가 없는 원고는 반찬 없는 밥을 먹는 것과 같다. 재미가 없고 감동을 주지 못한다. 저자의 말에 힘을 실어주지 못하고 독자의 이해를 돕지 못한다. 사례가 있어야 문맥을 자연스럽게 연결해주고, 글이 훨씬 풍성해 읽기도 쉽다. 사례는 다양한 방법으로 찾을 수 있는데, 자신의 경험, 타인의 경험, 다른 저자의 책, 인터넷, 신문, 잡지 등이다. 사례는 보통 각 소제목당 2개 정도 넣는 것이 좋다. 베스트셀러를 살펴보면 사례 없는 베스트셀러는 없다.

여섯째, 책 한 권을 쓰기 위해서는 '얼마 분량의 원고를 써야 하는가?'이다. A4용지 110~120매 정도의 원고를 써야 한다. 만약 전체 5장 38개의 소제목으로 구성한다면, 소제목당 2.5매의 원고를 쓸 경우 114매가 된다. 계산은 소제목 38개×3매(2.5매가 아님)하면 된다.

일곱째, 좋은 책을 쓰기 위해서는 책 쓰기와 동시에 '경쟁 도서를 분석'하면서 꾸준히 읽어야 한다. 목차를 머릿속에 항상 그리면서 경쟁 도서를 읽을 때, 기존 도서보다 업그레이드된 책을 쓸 수 있다.

현재보다 나은 삶을 원하고, 인생을 바꾸고 싶다면 지금의 삶에서 벗어나야 한다. 인생을 바꾸는 가장 빠른 방법은 당신의 책을 쓰는 것이다. 헤르만 헤세는 이렇게 말했다.

"새는 알에서 빠져나오려고 애를 쓴다. 알은 세계다. 태어나기를 원하는 자는 하나의 세계를 깨지 않으면 안 된다."

그렇다. 인생을 바꾸고 싶다면 지금 알을 깨고 나와야 한다. 알을 깨는 최고의 방법이 바로 책 쓰기다. 책 쓰기를 통해 제2의 인생길을 걷기 바란다. 앞으로 당신의 인생이 기대된다. 지금 바로 책 쓰기를 시작한다면.

06

묘비에 이름을 새기지 말고
책에 새겨라

*
위대한 희망은 위대한 인물을 만든다.
산은 오르는 사람에게만 정복된다.

- 토머스 풀러 -
*

'나의 묘비에는 어떤 문구를 넣을까?' 고민한 적이 있다. 그래서 천상병의 시 〈귀천(歸天)〉의 한 행 '나 하늘로 돌아가리라'를 넣을까? 성경 한 구절 '나 있는 곳에 너희도 있게 하리라(요한복음 14:3)'를 넣어 '나도 예수님 곁에 있다는 것을 우리 아이들에게 알릴까?' 고민했었다. 그런데 지금은 그런 고민을 전혀 하지 않는다. 책을 쓰고 있기 때문이다. 책 속에 남기고 싶은 말을 모두 쓰면 된다. 지금까지 살면서 겪은 나의 경험, 깨달음 그리고 가치관과 철학 등을 모두 책 속에 담으면 된다. 웨스트민스터 대성당의 지하 묘지에 있는 한 영국 성공회 주교의 무덤 앞에는 이런 글이 적혀 있다.

"내가 젊고 자유로워서 상상력에 한계가 없을 때, 나는 세상을 변화시키겠다는 꿈을 가졌었다. 좀 더 나이가 들고 지혜를 얻었을 때 나는 세상이 변하지 않으리라는 걸 알았다. 그래서 내 시야를 약간 줍혀 내가 사는 나라를 변화시키겠다고 결심했다. 그러나 그것 역시 불가능한 일이었다. 황혼의 나이가 되었을 때 나는 마지막 시도로, 나와 가장 가까운 내 가족을 변화시키겠다고 마음을 정했다. 그러나 아무도 달라지지 않았다.

이제 죽음을 맞이하기 위해 누운 자리에서 나는 문득 깨닫는다. 만일 내가 나 자신을 먼저 변화시켰더라면, 그것을 보고 내 가족이 변화되었을 것을. 또한, 그것에 용기를 얻어 내 나라를 더 좋은 곳으로 바꿀 수 있었을 것을. 그리고 누가 아는가, 세상까지도 변화되었을지!"

그렇다. 자신을 먼저 변화시켰더라면 세상까지도 변화되었을지 모른다. 대부분의 사람은 자신이 먼저 변화하려고 하기보다, 다른 사람을 변화시키려고 한다. 그러나 특별한 사람은 다른 사람을 변화시키려고 하기보다, 자신이 먼저 변화하려고 노력한다. 자신이 변화해야 주변 사람도 변화시킬 수 있다는 것을 알기 때문이다. 그러면 자신을 변화시키는 가장 쉬운 방법이 무엇일까? 바로 책 쓰기다. 책을 써보니, 나 자신을 변화시키는 가장 빠르고도 쉬운 방법이라는 것을 알게 되었다. 실제 나에게 많은 변화가 생겼다. 내 삶을 되돌아보게 되었고, 주변 사람들을 더 이해하고 사랑하게 되었다.

그리고 인생이 무엇인지 알게 되었고, 세상이 보였다. 자신을 변화시키고 싶으면 먼저 책을 쓰기 바란다.

책 쓰기는 인생에서 선택이 아니라 필수이다. 물론 책 쓰기는 만만한 일이 아니다. 직장에 다니면서 시간을 내어 책을 쓴다는 것은 쉽지 않다. 나 또한 현재 직장에 다니면서 책을 쓰고 있는데, 늘 새벽에 일어나 책을 쓰고 있다. 그래서 직장인들의 책 쓰기는 시간과의 싸움이고 자신과의 싸움이다. 그리고 책 쓰는 방법을 몰라서 못 쓸 수도 있다. 매일 원고 쓰는 습관을 들이지 못해서 못 쓸 수도 있다. 하지만, 태어날 때부터 책 쓰기를 잘하는 사람은 없다. 간디는 이렇게 말했다.

"내일 죽을 것처럼 오늘을 살고, 영원히 죽지 않을 것처럼 배워라."

책 쓰기도 배우면 된다. 그리고 책 쓰는 습관을 들이면 된다. 책 쓰기는 자신의 삶 전체를 되돌아보게 하고 재정비하게 하며, 인생 제2막을 열게 하는 인생의 터닝 포인트를 갖게 한다. 책 쓰기는 자신을 위한 일이기도 하지만, 많은 독자에게 선한 영향력을 끼치는 일이기도 하다. 책 속에는 저자의 생각, 가치관, 철학, 경험 등 저자의 인생 전체가 들어 있어, 독자는 저자의 모든 것을 그대로 가져다 쓸 수 있기 때문이다. 그리고 저자는 독자들에게 가슴속에 묻어 두었던 꿈을 꺼내게 한다. 한 권의 책이 독자의 인생을 바꾸어놓기도 한다.

구본형 변화경영연구소 소장은 처음 책을 쓴 계기에 대해 말하기를, 잘 안 맞는 일을 하며 스트레스를 받는 것보다는, 원하는 일을 하며 즐겁게 사는 것이 낫다는 생각에서 시작했다고 한다. 그는 '마흔이 넘었는데, 잘 살고 있는 건가?' 하는 회의가 자주 들면서 3~5년 후 자신의 모습을 그려봤을 때, 좋은 그림이 그려지지 않았다. 그때 제2의 인생은 의미 있는 삶을 살아야겠다는 생각이 들었다고 한다. 처음에는 16년 동안 자신이 해오던 일을 단번에 그만두기는 아깝다는 생각이 들어 변화경영 관련 일이 비즈니스가 되는지 알아보자는 생각도 했다고 한다. 그러던 중, 구 소장은 책을 쓰기 시작했는데, 즐겁게 글을 쓰는 자신을 발견했고, 꽤 괜찮은 직업이 될 수 있겠다는 확신이 생겼다고 한다. 그렇게 탄생한 첫 책이 우리에게 잘 알려진 베스트셀러 《익숙한 것과의 결별》이다.

책이 잘 팔리면서 강연 요청 또한 쇄도했지만, 구 소장은 자신이 그저 운이 좋았다고 말한다. 책 한 권을 쓴 것이 과연 직업이 될 것인지 확신할 수 없었고, 계속 책을 써나갈 수 있을지도 의문이었던 그는 스스로 쓸 수 있는 힘을 테스트해야겠다고 생각했다. 그리고 회사에 다니면서 1년에 책 한 권씩을 내는 시험을 했다. 그리고 3년 후, 네 번째 책을 준비하면서 회사를 퇴사했고, 그렇게 구본형 변화경영연구소가 세상에 나왔다고 한다.

"진정한 프로는 세상의 시선이 아닌 '실질적으로 내가 해야 할 일이 무엇인가?'를 먼저 따지는 사람들이다. 이 원칙만 정해지면 나머지는 자연스럽게 정해진다."

요로 다케시의 저서 《유쾌한 공생을 꿈꾸다》에 나오는 말이다. 그렇다. 진짜 인생을 사는 사람들은 남의 눈치를 보지 않고 자신이 좋아하는 일을 하며 행복하게 살아간다. 가짜 인생과 진짜 인생을 구별하는 방법이기도 하다.

많은 사람이 작가의 꿈을 가슴에 품고 살아간다. 하지만 그 꿈을 실현하기는 쉽지 않다. 왜냐하면, 책 쓰기가 쉬운 것은 아니기 때문이다. 그리고 아무나 쓴다고 생각하지 않기 때문이다. 그러나 일단 시작해보기 바란다. 우선 어떤 장르로 쓸지 정하고, 그다음 제목을 정하라. '천 리 길도 한 걸음부터'라고 했다. 굳은 의지가 있으면 행동으로 자연스럽게 옮기게 되어 있다.

사람과 사람의 만남에서 우연한 만남은 없다. 적당할 때, 꼭 필요할 때, 만나야 할 사람은 꼭 만나는 것이다. 사람들은 말한다. 그를 우연히 만났다고. 그러나 우연한 만남은 존재하지 않는다. 내가 그를 꼭 필요로 할 때, 그가 나를 꼭 필요로 할 때, 필연적인 만남이 존재하는 것이다. 이러한 필연적인 만남은 무한한 에너지를 만들어낸다. 불가능을 가능하게 하고, 불완전한 상황을 완전한 상황으로 바꾸어준다.

저자와 독자와의 만남도 마찬가지다. 우연한 만남은 없다. 적당할 때, 꼭 필요할 때 만나는 것이다. 그래서 바로 지금 책 쓰기를 꼭 시작해보기 바란다. 생각보다 그리 어렵지 않다. 시작이 반이다. 인생을 그럭저럭 사는 것이 아닌, 자신의 삶을 업그레이드시켜 줄 수 있는 것이 바로 책 쓰기이다. 책 쓰기는 자신의 성장과 변화의 다른 이름이며, 인생을 바꾸는 자기 혁명이다. 책 쓰기는 인생 최고의 도전이다.

07

작가의 꿈을 꾸는
이들에게 보내는 편지

*
만약 우리가 우리의 꿈들을 좇을 용기만 있다면
그 꿈들은 반드시 이루어진다.

- 월트 디즈니 -
*

이탈리아 북부 토리노 박물관에는 모습은 사람이지만, 풍기는 전체 인상은 동물 같은 조각상이 있다. 바로 기회의 신 '카이로스'의 조각상이다. 조각상을 앞에서 보면 우람한 근육질에 머리숱도 많지만, 뒤에서 보면 머리카락 한 올 없는 대머리이다. 카이로스가 왜 이런 모습을 하고 있을까? 그리스에 있는 카이로스 석상에 그 이유가 적혀 있다.

"내 앞머리가 풍성한 이유는 사람들이 나를 쉽게 붙잡을 수 있도록 하기 위함이고, 뒷머리가 대머리인 이유는 내가 지나가면 다시 붙잡지 못하도록 하기 위함이며, 어깨와 발뒤꿈치에 날개가 달린 이유는 최대한 빨리 사라지기 위함이다. 내 이름은 카이로스, 바로 기회이다."

카이로스는 순간의 선택이 인생을 좌우한다는 기회의 시간이다. 한 번 기회를 놓치면 다시 붙잡을 수 없는 시간으로, 기회가 다가왔을 때 빨리 붙잡아야 한다. 붙잡는 시간은 순간이다. 순간의 결단이 필요하다. 작가의 꿈을 꾸고 있는데, 아직 책 쓰기를 시작하지 않았다면, 지금 이 글을 읽고 있는 이 시각이 카이로스다. 지금 펜을 들기 바란다. 펜을 드는 순간 꿈은 이루어진다.

나폴레온 힐은 《놓치고 싶지 않은 나의 꿈 나의 인생》에서 목표 실현을 위한 철저한 계획을 세워, 아직 준비가 되어 있지 않아도 상관하지 말고 당장 행동에 옮기라고 한다. 그렇다. 자신의 꿈을 이루기 위해서는 먼저 확고한 계획을 세워야 한다. 하지만 더 중요한 것은 행동으로 옮기는 일이다. 물론 마음속으로는 꿈을 이루었을 때의 자신의 모습을 상상하면서 말이다. 이렇게 자신이 꿈을 이룬 모습을 상상할 수 있으면, 자신이 어떻게 노력해야 할지도 알게 된다. 꿈을 이루기 위해 행동으로 옮기면, 자신도 모르고 있었던 숨은 잠재력이 발휘될 것이다.

나폴레온 힐은 또 인간은 새로운 것에 대해서는 무엇이든 일단 의심을 하고 보는 경향이 있다고 말한다. 그러나 의심을 모두 버리고 용기 있게 실행한다면, 이제까지는 소심한 생쥐와 같았던 사람도 적극적인 신념의 호랑이로 변할 것이라고 한다. 지금까지 여러 철학자가 '인간은 자신의 운명을 지배할 수 있는 존재다'라고 말해왔는데, 어떻게 인간이 스스로 운명의 지배자가 될 수 있을까? 어떻게 인간이 그 생활환경을 지배할 수 있을까? 그 이유는 인간이 자신의 잠재의식을 발동시켜 변화시키는 힘을 가지고 있기 때문이라고 한다. 여기에서 잠재의식을 자극하는 가장 효과적인 수단이 바로 자기암시이다. 이 자기암시를 매 순간 되풀이하면 이 잠재의식에 의해 자신의 운명도 바꿀 수 있게 된다고 한다.

나 또한 교직 생활에서 은퇴를 앞두고 제2의 인생을 살겠다고 스스로에게 말해왔다. '무슨 일을 하면 가슴 뛰는 제2의 삶을 살아가게 될까?' 간절히 기도하면서 찾고 있었다. 그런데 기회가 찾아왔다. 지난 겨울방학에 독서에 관한 유튜브를 듣고 있었을 때, 성공하고 싶으면 우선 책을 읽으라고 했다. 난 기다렸다는 듯이 책장으로 달려갔다. 꼭 최면에 걸린 것처럼 행동으로 척척 옮겼다. 그동안 내가 자기암시를 하고 있었던 것이다. 나의 꿈을 잠재의식에 주입했었고, 이 잠재의식에 의해 일사불란하게 행동으로 옮겨졌던 것이다. 이렇게 하여 책을 읽고, 가슴 속에 잠자고 있던 작가의 꿈을 꺼내게 되었다. 그리고 이 책을 쓰기 시작해 지금 마지막 소제목을 쓰는 중이다.

결단은 꿈을 이루게 한다. 결단은 제2의 인생을 살게 한다. 결단이 인생을 바꾼다. 난 결단력이 부족한 사람이었다. 어떤 일을 추진할 때 생각하고 계산하며 염려까지 곁들여 선뜻 일을 추진하지 못하는 우유부단한 성격이었다. 그런데 세월을 보내면서 나도 변했다. 지금은 일을 저지르고 보는 성격으로 바뀌었다. 그래서 크게 실수한 일도 있지만 크게 성공한 일도 있다. 크게 성공을 확신하는 일 중의 하나가 바로 책 쓰기를 시작한 일이다.

당신은 얼마나 신속하게 결단을 내리고 있는가? 혹시 자신의 우유부단한 성격에 대해 염려가 되는가? 그러나 우유부단한 성격은 누구나 조금은 가지고 있다. 그 정도가 크고 작을 뿐이다. 실행으로 옮기는 순간 이러한 성격은 없어진다. 어떤 일을 계획하고, 실행으로 옮김에 있어 우유부단함은 누구나 극복해야 하는 최대의 적이다. 용기 있게 실행으로 옮기면 우유부단한 성격이 결단력이 신속한 성격으로 바뀐다.

링컨은 수천 명이나 되는 지지자들과 친구들의 맹렬한 반대에도 불구하고 노예 해방령을 선언했다. 노예 해방을 둘러싼 북부의 극심한 갈등에도 불구하고, 그의 용기 있는 결단으로 흑인들은 꿈에도 그리던 자유를 얻었다.

로버트 E. 리 장군이 미합중국의 정책에 반대하면서 남부 여러 주를 위해 일어선 것도 용기에 따른 결단이었다. 자기의 생명은 물론이거니와 수많은 사람의 생명이 걸려 있다는 사실을 잘 알고 내린 결단이었다.

1776년 7월 4일, 미합중국 역사 중에서 가장 중대한 결단이 필라델피아에서 내려졌다. 56명의 사람이 한 서류에 서명했는데, 이 용기 있는 행동은 '미국의 모든 국민이 자유를 획득하느냐'와 같은 목숨을 건 결단이었다.

이제 당신이 결단을 내려야 할 때다. 작가의 꿈을 꾸고 있는가? 그렇다면 지금 책 쓰기를 시작하기 바란다. 책 쓰기를 한 번도 해보지 않았고, 책 쓰기에 소질이 없다고 생각하면서 자꾸 망설여지는가? 그래도 행동으로 옮기길 바란다. 자신의 무한한 잠재력을 발견하고 깜짝 놀라게 될 것이다. 당신도 간절히 원하는 작가의 모습으로 살기 바란다. 매일 새벽, 뛰는 가슴으로 잠에서 깨고, 이미 성공한 작가처럼 책 쓰기에 몰두하기를 바란다. 상상하면 상상한 그대로 현실이 된다. 기회가 찾아왔을 때 결단력이 필요하다. 지금, 이 순간이 카이로스다.

《백만장자 메신저》의 저자 브렌든 버처드는 인생에서 얻은 경험과 지식 하나를 꼽으라고 한다면, 메신저로 사는 삶이라고 말한다. 메신저로 살면 의미 있는 삶과 물질적인 만족, 두 마리 토끼를 모두 잡을 수 있기 때문이다. 그래서 사람들에게 이 메신저의 길을 책을 통해 안내하고 있다. 열정과 목적이 이끄는 충만한 삶을 살고자 길을 찾는 사람들을 메신저 산업의 세계로 초대하고 있다. 나도 그 초대를 받아 이렇게 작가가 되었다. 이제 내가 작가의 꿈을 꾸는 당신을 이 메신저 산업의 세계에 초대하려고 한다. 당신은 결단력 하나만 가지고 초대에 응하면 된다. 오프라 윈프리의 "행운이란 준비와 기회의 만남이다"라는 말을 나는 이렇게 바꾸고 싶다.

"행운이란 결단력과 기회의 만남이다."

당신의 삶도 이미 베스트셀러이다

제1판 1쇄 ┃ 2020년 12월 15일

지은이 ┃ 김선옥
펴낸이 ┃ 손희식
펴낸곳 ┃ 한국경제신문*i*
기획제작 ┃ ㈜두드림미디어
책임편집 ┃ 우민정   디자인 ┃ 얼앤똘비악(earl_tolbiac@naver.com)

주소 ┃ 서울특별시 중구 청파로 463
기획출판팀 ┃ 02-333-3577
영업마케팅팀 ┃ 02-3604-595, 583 FAX ┃ 02-3604-599
E-mail ┃ dodreamedia@naver.com
등록 ┃ 제 2-315(1967. 5. 15)

ISBN 978-89-475-4668-3 (03190)